ZHISHENG ZHI DAO

制胜之道

总主编
曹健华

坚持独立自主

JIANCHI DULI ZIZHU

湖南教育出版社 · 长沙

总 主 编 曹健华

副总主编 吴厚庆 蔡文辉 刘 艺

编 委 会 （按姓氏笔画排序）

王 晔 王 蔚 王海峰 艾医卫 伍先禄 刘 艺
刘新民 李美玲 吴厚庆 何良安 易 武 胡新良
曹健华 谢兵良 蔡文辉 霍修勇

本册主编 霍修勇

本册副主编 王连花 谌玉梅

本册作者 谌玉梅 王连花 霍修勇 全紫红 许顺富 李 辉
黄建国 周树辉

序　言

中国特色社会主义进入新时代，以习近平同志为主要代表的中国共产党人坚持把马克思主义基本原理同中国具体实际相结合、同中华优秀传统文化相结合，坚持毛泽东思想、邓小平理论、“三个代表”重要思想、科学发展观，深刻总结并充分运用党成立以来的历史经验，从新的实际出发，创立了习近平新时代中国特色社会主义思想。为贯彻落实习近平新时代中国特色社会主义思想，党中央就学习党的历史、总结历史经验作出了一系列重大部署。

2021 年 2 月 20 日，党中央启动党史学习教育，要求全党同志做到学史明理、学史增信、学史崇德、学史力行，学党史、悟思想、办实事、开新局，以昂扬姿态奋力开启全面建设社会主义现代化国家新征程，以优异成绩迎接建党100周年。7月1日，习近平总书记在庆祝中国共产党成立100周年大会上发表重要讲话，回顾了党的百年历史、总结了伟大成就、提出了“九个必须”的根本要求。11月8日至11日，党的十九届六中全会召开，审议通过的《中共中央关于党的百年奋斗重大成就和历史经验的决议》提出：一百年来，党领导人民进行伟大奋斗，在进取中突破，于挫折中奋起，从总结中提高，积累了宝贵的历史经验。这就是坚持党的领导，坚持人民至上，坚持理论创新，坚持独立自主，坚持中国道路，坚持胸怀天下，坚持开拓创新，坚持敢于斗争，坚持统一战线，坚持自我革命。以上十个方面，是经过长期实践积累的宝贵经验，是党和人民共同创造的精神财富，必须倍加珍惜、长期坚持，并在新时代实践中不断丰富和发展。

中国共产党全面总结党的百年奋斗重大成就和历史经验，对推动全党进一步统一思想、统一意志、统一行动，团结带领全国各族人民夺取新时代中国特色社会主义新的伟大胜利，具有重大现实意义和深远历史意义。决议有助于党员干部增强“四个意识”，坚定“四个自信”，做到“两个维护”，捍卫“两个确立”。当前和今后一段时间，学习宣传阐释党的十九届六中全会精神是一项重要政治任务，广大理论工作者尤其是党校理论工作者必须在这一关键时刻担当使命，积极作为。正是因为有了这种责任感和使命感，中共湖南省委党校（湖南行政学院）、韶山干部学院在党的十九届六中全会召开后就积极行动起来，校（院）委第一时间传达会议精神，专家学者们在湖南卫视、湖南经视、红网等主流媒体进行解读，13 位省委党校的专家学者入选湖南省十九届六中全会精神宣讲团。为了给广大党员干部提供鲜活的学习教材，省委党校、韶山干部学院发挥师资力量雄厚、研究基础良好、善于团结协作的优势，编辑出版了“制胜之道”丛书。

该丛书以习近平新时代中国特色社会主义思想为指导，对《中共中央关于党的百年奋斗重大成就和历史经验的决议》提出的十条历史经验进行全面系统深入学习研究。丛书对标决议原文、立足百年党史、着眼重大成就，以宏阔的视野阐释百年历史经验，包括其重大意义、形成条件、基本内涵、实践基础、时代要求等内容，力求用活泼的语言表达深邃的思想、用严谨的逻辑彰显理论的魅力、用生动的案例印证历史的规律，做到权威性、理论性、可读性、趣味性有机融合，使之成为一套雅俗共赏的丛书，引导党员干部和广大人民群众学原文悟原理，切实汲取历史智慧、洞悉历史规律、掌握历史主动，进一步增强党史自信，旗帜鲜明抵制历史虚无主义，真正实现正本清源、固本培元。

回首来时路，我们热血沸腾、心潮澎湃。眺望前行路，我们壮志在胸、豪情满怀。让我们更加紧密地团结在以习近平同志为核心的党中央周围，勿忘昨天的苦难辉煌，无愧今天的使命担当，不负明天的伟大梦想，以史为鉴、开创未来，全面落实“三高四新”战略定位和使命任务，为全面建设富强民主文明和谐美丽的社会主义现代化新湖南不懈奋斗！为实现中华民族伟大复兴的中国梦奋勇前进！

编者

2022 年 1 月

前 言

党的十九届六中全会通过的决议，将坚持独立自主作为百年党史的基本经验，明确提出了“独立自主是中华民族精神之魂，是我们立党立国的重要原则”“党历来坚持独立自主开拓前进道路”等一系列新观点新论断。这是中国共产党对百年党史的最新思考和最新总结，需要我们从独立自主的重大意义、基本内涵、发展进程、实践探索、时代要求等角度进行阐释，以方便党员干部更加深刻理解党的十九届六中全会的决议。

独立自主具有丰富的含义。毛泽东同志在《中国革命战争的战略问题》一文中提出，无论处于怎样复杂、严重、惨苦的环境，“首先需要的是独立自主地组织和使用自己的力量”。习近平总书记强调，“这种独立自主的探索精神，这种坚持走自己路的坚定决心，是我们党不断从挫折中觉醒、不断从胜利走向胜利的真谛”。中国共产党人已经形成共识：坚持独立自主就是要坚持中国的事情必须由中国人民自己作主张、自己来处理，就是要坚定不移走中国特色社会主义道路，既不走封闭僵化的老路，也不走改旗易帜的邪路，就是要坚持独立自主的和平外交政策，坚定不移走和平发展道路。

独立自主彰显历史的结论。走自己的路是党的全部理论和实践的立足点，是事业不断从胜利走向胜利的重要保证。中国共产党坚持将马克思主义与中国国情、与中华传统文化相结合，创立了毛泽东思想，实现了马克思主义中国化的第一次伟大飞跃；形成了中国特色社会主义理论体系，实现了马克思主义中国化的第二次伟大飞跃；创立了习近平新时代中国特色社会主义思想，实现了马克思主义中国化新的飞跃。中国共产党坚持从我国国情出发，探索并形成了符合中国实际的新民主主义革命道路、社会主义革命和社会主义建设道路、中国特色社会主义道路，书写了中华民族发展史上最恢宏的史诗。中国共产党人一直坚信，丧失独立自主的根性，必然会遭遇失败，必然会成为他人的附庸。

独立自主走好未来之路。人类历史发展证明，没有一个民族、一个国家可以通过依赖外部力量、照搬外国模式、跟在他人后面亦步亦趋实现强大和振兴。中国已经在独立自主方面取得了显著成就，这是我们继续坚持独立自主的底气所在。中国要发展振兴，最重要的就是立足国情、走自己的路。我们有充分的理由相信，坚持独立自主使我们具有十分广阔的舞台，具有十分深厚的历史底蕴，具有十分强大的前进动力，中国能够在独立自主发展上取得更大、更辉煌的成就。为此，我们要秉持兼容并蓄的态度，既虚心学习借鉴国外的有益经验，又坚定民族自尊心和自信心，还要不信邪、不怕压，面对不实之词、不轨之举要敢于斗争、善于斗争。有了共识和努力，我们就一定能够把中国发展进步的命运始终牢牢掌握在自己手中，为世界许多国家寻求独立发展的道路提供中国智慧和中国方案。让我们在独立自主的道路上昂首阔步、奋勇前进吧！

目　录

第一章　独立自主是立党立国的重要原则　001

一、马克思主义政党的鲜明特质　003

二、中国共产党历史的基本结论　014

三、建设现代化强国的重要遵循　024

第二章　独立自主的丰富内涵　033

一、独立自主的含义　035

二、独立自主的原则　049

三、独立自主的特征　063

第三章　**独立自主思想的演变**　075

一、独立自主思想的萌芽　077

二、独立自主思想的形成　081

三、独立自主思想的发展　094

四、独立自主思想的深化　099

第四章　**独立自主探索中国道路**　109

一、探索革命新道路　112

二、探索社会主义革命和建设道路　133

三、开创捍卫坚持发展中国特色社会主义道路　145

第五章　**独立自主实施战略策略**　163

一、独立自主开展理论探索　165

二、建立独立的国民经济体系　177

三、形成独具特色的政治制度 188
四、建设中华民族特色文化 207
五、奉行独立自主的外交政策 219

第六章 **新征程继续坚持独立自主** 235
一、强化独立自主的意识 237
二、学习借鉴国外有益经验 254
三、坚定民族自尊心自信心 265
四、坚决做到不信邪不怕压 273
五、不断拓宽独立自主领域 285

结束语 **独立自主走好必由之路** 300
后 记 302

第一章

独立自主是立党立国的重要原则

党的十九届六中全会通过的决议指出，独立自主是立党立国的重要原则。这是中国共产党基于百年党史作出的新论断，具有十分重要的意义。其主要原因在于坚持独立自主是马克思主义政党的鲜明特质，是中国共产党百年奋斗得出的历史结论，是建设社会主义现代化强国的重要遵循。

一、马克思主义政党的鲜明特质

在科学社会主义发展史上，马克思、恩格斯从无产阶级领导本国革命和进行国际联合的视角，强调了坚持独立自主的极端重要性。列宁结合俄国的实际，丰富和发展了马克思、恩格斯关于独立自主的思想，开辟了具有俄国特色的革命与建设道路。

1. 无产阶级政党需要坚持独立自主

马克思、恩格斯在论述无产阶级政党时多次使用“独立自主”这一概念，我们可以从两方面进行把握：

一方面，无产阶级政党在领导本国革命时须保持独立性。在革命发展道路问题上，1872年9月，马克思在阿姆斯特丹群众大会上的演说中指出：工人总有一天必须夺取政权，以便建立一个新的劳动组织，“但是，我们从来没有断言，为了达到这一目的，到处都应该采取同样的手段。我们知道，必须考虑到各国的制度、风俗和传统”①。这就是说，各国无产阶级政党

① 马克思，恩格斯. 马克思恩格斯全集：第18卷［M］. 北京：人民出版社，1964：179.

必须根据本国的实际情况，独立自主地解决本国革命的实际问题。由于各个国家经济、政治状况以及民族特点各不相同，马克思、恩格斯主张，每个国家的无产阶级政党必须有自己独立的政策，这种政策将同其他政党的政策显然不同，“这种政策的细节可以根据每一个国家的特殊情况而有所不同”[①]。

在处理国内统一战线问题上，无产阶级要保持独立自主。各国无产阶级政党为了实现自己的目标和历史使命，必须团结一切可以团结的力量。在国内，必须与资产阶级、小资产阶级进行联合，结成统一战线。但在统一战线中，无产阶级必须保持自己的独立性，必须作为独立的无产阶级政党来行动。在《关于工人阶级的政治行动》一文中，马克思指出：“工人的政党不应该成为某一个资产阶级政党的尾巴，而

---

① 马克思，恩格斯. 马克思恩格斯全集：第 17 卷 [M]. 北京：人民出版社，1963：304.

应当成为一个独立的政党，它有自己的目的和自己的政策。”① 在马克思主义看来，革命政党可以暂时利用其他政党来达到自己的目的，这样做，或对无产阶级政党有好处，或对国家的经济、政治革命历史发展方向有好处，所有这一切又必须以党的无产阶级性质不致因此发生改变为前提。

另一方面，无产阶级政党在国际联合中须保持独立性。无产阶级的革命和解放是国际性的事业，无产阶级斗争的国际性、国际工人阶级的共同利益需要无产阶级政党实行国际主义原则。但是，在国际联合中应当以独立自主为基础。1848 年，马克思、恩格斯在《共产党宣言》中提出了“全世界无产者，联合起来!”的伟大号召。由此，国际工人运动联合组织、指导中心——第一国际（国际工人协会）、第二

---

① 马克思，恩格斯. 马克思恩格斯全集：第 17 卷［M］. 北京：人民出版社，1963：455.

国际相继在马克思、恩格斯的倡导、推动下成立。如何进行无产阶级的国际联合，马克思、恩格斯明确提出了无产阶级能够而且必须自己解放自己的著名论断。为此，各国无产阶级首先应该立足本国，展开反对资产阶级的斗争，建立本国无产阶级专政政权，然后在各独立国家和民族之间实现无产阶级的联合。1869 年，马克思在《国际工人协会总委员会致社会主义民主同盟中央局》信函中指出："由于每个国家工人阶级的各种队伍和不同国家的工人阶级所处的发展条件极不相同，它们目前所达到的发展阶段也不一样，因此它们反映实际运动的理论观点也必然各不相同。"①

针对各国无产阶级在国际联合中的独立、平等和自主的问题，恩格斯于 1892 年在波兰的独立问题上提出：欧洲各民族的真诚的国际合

① 马克思，恩格斯. 马克思恩格斯全集：第 16 卷［M］. 北京：人民出版社，1964：394.

作，只有当每个民族在自己国家里完全自主的时候才能实现。1893年，恩格斯在致劳拉·拉法格的一封信中，谈到独立自主与国际主义的关系问题时说，国际联合只能存在于国家之间，而这些国家的存在，它们在内部事务上的自主和独立也就包括在国际主义这一概念本身之中。在1893年《共产党宣言》意大利文版序言中，恩格斯精辟地阐述了各国无产阶级代表的民族的独立和国际联合之间的辩证关系，认为不恢复每个民族的独立和统一，那就既不可能有无产阶级的国际联合，也不可能有各民族为达到共同目的而必须实行的和睦的与自觉的合作。

2. 俄共（布）十分注重独立自主

19世纪末20世纪初，资本主义发展到帝国主义阶段。列宁运用马克思主义基本原理，对帝国主义时代的新情况和俄国的实际进行了深刻的分析，带领俄共（布）开辟了具有俄国特色的独立自主的革命和过渡道路。

第一，独立自主探索革命道路。限于当时资本主义发展相对平衡以及欧洲革命的形势，马克思、恩格斯曾设想，美国、英国以及荷兰等国家的工人可能用和平手段达到自己的目的，但欧洲大陆上的大多数国家则应实行暴力革命。马克思和恩格斯曾估计，共产主义革命不可能在某个国家内单独发生，而将在一切文明国家，即至少是在生产力发展水平较高的英、美、法、德四个国家同时发生，即“多国革命同时发生论”。但到 20 世纪初，随着资本主义进入帝国主义阶段，各国经济政治发展不平衡加剧，经济上、政治上各种矛盾积聚的俄国成为帝国主义统治链条中最薄弱的环节。列宁根据资本主义发展的新情况提出了关于无产阶级社会主义革命的新论点，即“一国胜利论”。1915 年，在《论欧洲联邦口号》一文中，列宁明确提出：“社会主义可能首先在少数甚至在单独一个资本主义国家内获得胜利。”① 在这一理论指导下，俄国无产阶级政党依靠俄国的广大人民群众，从俄国的具体国情出发，先占城市，后占农村，独立自主地取得了十月革命的伟大胜利，建立了第一个社会主义国家，开辟了人类历史的新纪元。1917 年俄国十月革命胜利后，新生的苏维埃政权遭到了国内外反动势力的敌视、围攻。在没有其他国家无产阶级支持的情况下，俄国无产阶级依靠自己的力量，经过三年艰苦卓绝的斗争，打退了国内外反动势力的进攻，保卫和巩固了新生的苏维埃政权。

第二，独立自主探索向社会主义过渡的道路。十月革命胜利后，摆在俄共（布）面前需要解决的问题就是俄国如何向社会主义过渡。虽然马克思、恩格斯对于如何向社会主义过渡有过论述、有过设想，但并没有详尽计划和具

---

① 中共中央马克思恩格斯列宁斯大林著作编译局编译. 列宁选集：第 2 卷［M］. 北京：人民出版社，2012：554.

体方案，而且是建立在西欧先进资本主义向社会主义过渡的基础之上的。而俄国是一个经济文化落后的小农国家，如何向社会主义过渡，在马克思、恩格斯的经典著作中找不到现成的答案。如何向社会主义过渡，俄国无产阶级政党必须根据俄国的实际，独立自主地去探索、去实现。

列宁根据社会主义革命和建设的初步实践，创造性地坚持和发展了马克思主义关于社会主义发展道路多样性的思想，反对设定一种固定的模式，主张每个民族在选择社会主义发展道路上都应该有自己的特点。列宁认为，在人类从今天的帝国主义走向明天的社会主义的道路上，会表现出这种多样性。一切民族都将走向社会主义，这是不可避免的，但是一切民族的走法却不会完全一样，在民主的这种或那种形式上，在无产阶级专政的这种或那种类型上，在社会生活各方面的社会主义改造的速度上，每个民族都会有自己的特点。因此，共产党人在运用马克思主义基本原理时不是消除多样性、消灭民族差别，而是要把这些原则在某些细节上正确地加以改变，使之正确地适应于民族的和民族国家的差别，针对这些差别正确地加以运用。

在艰辛探索中，以列宁为首的俄国布尔什维克党人逐步形成了关于落后国家向社会主义过渡的思想，开辟了一条经济落后国家走向社会主义的正确道路。总体而言，苏维埃俄国在1921 年以前向社会主义的过渡，实行的是以余粮收集制为主要内容的战时共产主义政策，实行的是直接过渡。战时共产主义政策虽然有效应对了战争的危机，巩固了新生的政权，但在实践中不能把俄国有效引向健康发展的社会主义，其弊端也逐步暴露出来。1921 年，列宁提出了“间接过渡”或“迂回过渡”的政策主张，即著名的新经济政策。同年 3 月，在俄共

（布）第十次代表大会上，列宁强调：在一个小农生产者占人口绝大多数的国家里，实行社会主义革命必须通过一系列特殊的过渡办法，“用‘新的迂回方法’实行整个过渡”[①]。为此，他主张在一定时期内不摧毁旧的社会经济结构——商业、小经济、小企业、资本主义，而是活跃它们，审慎地逐渐地掌握它们，使它们受到国家的调节，即实行国家资本主义。1921年2月，列宁提议召开了俄共（布）中央政治局会议，讨论了播种问题和农民状况，会议首次研究以实物税代替余粮征集制的问题。3月，列宁在俄共（布）第十次代表大会上作政治报告，对实行实物税的问题作了理论阐述，决定摒弃战时共产主义转而实行新经济改革。通过新经济政策，俄共（布）独立自主地创造了一条适合俄国国情和特点的向社会主义过渡的新

---

① 列宁著，安徽大学《列宁文稿》翻译组译. 列宁文稿：第4卷［M］. 北京：人民出版社，1978：311.

道路，在国际共产主义运动史上具有重要地位。

二、中国共产党历史的基本结论

坚定不移走自己的路，是中国共产党全部理论和实践的立足点，是中国共产党百年奋斗得出的历史结论。总结党百年奋斗的成功经验，独立自主是带有根本性、灵魂性和最具有生命力的核心因素之一。

1. 成功推进中华民族伟大复兴的基本结论

1840 年鸦片战争以后，由于西方列强入侵和封建统治腐败，中国逐步沦为半殖民地半封建社会，中华民族遭受了前所未有的劫难。从那时起，实现中华民族伟大复兴成为中国人民和中华民族最伟大的梦想。为了实现中华民族伟大复兴，中国共产党坚持独立自主推进革命、建设、改革事业，在中华民族伟大复兴的征程上书写了恢宏的史诗，展现了独立自主的魅力。

新民主主义革命时期，党面临的主要任务是：反对帝国主义、封建主义、官僚资本主义，争取民族独立、人民解放，为实现中华民族伟大复兴创造根本社会条件。以毛泽东同志为主要代表的中国共产党人，把马克思列宁主义基本原理同中国具体实际相结合，经过艰辛探索、付出巨大牺牲，创造性地开辟了一条农村包围城市、武装夺取政权的革命道路，实现了民族独立、人民解放。这是马克思主义暴力革命理论在中国的运用与发展，是马克思主义独立自主思想在中国的创造性运用。1937 年 7、8 月间，毛泽东从哲学高度强调一切从实际出发、实事求是的极端重要性，对全党理解接受农村包围城市、武装夺取政权的革命道路具有重大指导意义。中国共产党系统总结了土地革命战争的历史经验，批判了照搬照抄外国经验的教条主义，科学论证了中国为什么必须走农村包围城市、武装夺取政权的道路，形成了完整的农村包围城市、武装夺取政权的理论。这是一条有独立武装、以农村为中心、以农民为主力军的中国革命道路，也是一条完全不同于俄国“城市中心论”的革命道路。

社会主义革命和建设时期，党面临的主要任务是：实现从新民主主义到社会主义的转变，进行社会主义革命，推进社会主义建设，为实现中华民族伟大复兴奠定根本政治前提和制度基础。在国民经济全面恢复的基础上，1953 年中共中央正式提出了向社会主义过渡的总路线，也简称为“一化三改”或“一体两翼”。在对个体农业、手工业的改造中，创造了一系列由初级到高级的向社会主义逐步过渡的形式。对资本主义工商业的社会主义改造，创造了一系列由初级到高级的国家资本主义的形式。至 1956 年底，社会主义改造基本完成，初步建立起公有制占绝对优势的社会主义经济制度。实践证明，在一个有着几亿人口的大国比较顺利地实现如此复杂而深刻的社会变革，不仅没有发生大的社会动荡，还促进了整个国家经济的发展，确实是伟大的胜利，这一胜利是在借鉴苏联经验、发扬独立自主的精神而实现的。

改革开放和社会主义现代化建设新时期，党面临的主要任务是：继续探索中国建设社会主义的正确道路，解放和发展社会生产力，使人民摆脱贫困、尽快富裕起来，为实现中华民族伟大复兴提供充满新的活力的体制保证和快速发展的物质条件。这一时期，中国共产党人坚定不移推进改革开放，开创、捍卫、坚持和发展了中国特色社会主义，中国大踏步赶上了时代。

党的十八大以来，中国特色社会主义进入新时代。党面临的主要任务是：实现第一个百年奋斗目标，开启实现第二个百年奋斗目标新征程，朝着实现中华民族伟大复兴的宏伟目标继续前进。以习近平同志为核心的党中央团结领导全党全军全国各族人民砥砺前行，全面建成小康社会目标如期实现，党和国家事业取得历史性成就、发生历史性变革，彰显了独立自主的强大生机活力。

2. 实现马克思主义中国化飞跃的基本结论

马克思主义是科学真理，具有普遍的指导意义。而要将这一科学真理运用于中国的具体实际，是一项极其艰巨的任务。在不同历史时期，中国共产党人直面时代课题，始终坚持把马克思主义基本原理同中国具体实际相结合，实现了马克思主义中国化的飞跃。

创立毛泽东思想彰显了独立自主。在新民主主义革命时期，以毛泽东为主要代表的中国共产党人，把马克思列宁主义基本原理同中国具体实际相结合，创立了毛泽东思想，为夺取新民主主义革命胜利指明了正确方向。新中国成立后，以毛泽东为主要代表的中国共产党人，将马克思列宁主义基本原理同中国具体实际进行“第二次结合”，提出了关于社会主义建设的一系列重要思想，包括社会主义社会是一个很长的历史阶段，严格区分和正确处理敌我矛盾和人民内部矛盾，正确处理我国社会主义建设的十大关系，走出一条适合我国国情的工业化道路，尊重价值规律，在党与民主党派的关系上实行“长期共存、互相监督”的方针，在科学文化工作中实行“百花齐放、百家争鸣”的方针等，丰富和发展了毛泽东思想。实事求是、群众路线和独立自主，是贯穿于毛泽东思想各个组成部分的立场、观点、方法，是毛泽东思想活的灵魂。毛泽东思想实现了马克思主义中国化的第一次历史性飞跃，体现了运用马列主义理论独立自主创立新的理论成果的特点。

形成中国特色社会主义理论体系彰显独立

自主。党的十一届三中全会以后，中国共产党人在总结新中国成立三十多年来正反两方面经验的基础上，在研究国际经验和世界形势的基础上，开始找到一条建设有中国特色的社会主义的道路，开辟了社会主义建设的新阶段。开创改革开放和社会主义现代化建设新局面，必须以理论创新引领事业发展。邓小平强调："一个党，一个国家，一个民族，如果一切从本本出发，思想僵化，迷信盛行，那它就不能前进，它的生机就停止了，就要亡党亡国。"① 这一时期，党领导和支持开展真理标准问题大讨论，从新的实践和时代特征出发坚持和发展马克思主义，科学回答了建设中国特色社会主义的发展道路、发展阶段、根本任务、发展动力、发展战略、政治保证、祖国统一、外交和国际战略、领导力量和依靠力量等一系列基本问题，

① 邓小平. 邓小平文选：第2卷［M］. 北京：人民出版社，1994：143.

形成中国特色社会主义理论体系，实现了马克思主义中国化新的飞跃，这与独立自主息息相关。

创立习近平新时代中国特色社会主义思想彰显了独立自主。党的十八大以来，以习近平同志为主要代表的中国共产党人，坚持把马克思主义基本原理同中国具体实际相结合、同中华优秀传统文化相结合，坚持毛泽东思想、邓小平理论、“三个代表”重要思想、科学发展观，深刻总结并充分运用党成立以来的历史经验，从新的实际出发，创立了习近平新时代中国特色社会主义思想。习近平新时代中国特色社会主义思想提出一系列原创性的治国理政新理念新思想新战略，实现了马克思主义中国化新的飞跃，自立自强得到进一步彰显。

3. 走近世界舞台中央的基本结论

中国共产党自 1921 年成立后，团结带领全国各族人民，向世人展现出一幅又一幅绚丽多彩的画卷，交出了一份又一份令世人惊叹的成绩单，中华民族昂首阔步走近世界舞台的正中央。从小小红船到巍巍巨轮，靠的是中国人民独立自主、发愤图强的精神。

新中国成立之初，经济上面临严峻的考验，生产萎缩，交通梗阻，失业众多，民生困苦。据统计，当时人均国民收入只有27美元，不到亚洲人均44美元的三分之二，不足印度人均57美元的二分之一。而今天的中国，已经成为世界第二大经济体，2020年国内生产总值突破百万亿元大关，达到101.6万亿元，多年来对世界经济增长贡献率超过30%。我国主要农产品产量跃居世界前列，建立了全世界最完整的现代工业体系，科技创新和重大工程捷报频传，基础设施建设成就显著，信息畅通、公路成网、铁路密布、高坝矗立、西气东输、南水北调、高铁飞驰、巨轮远航、飞机翱翔、天堑变通途。

现在我国是制造业第一大国、货物贸易第一大国、商品消费第二大国、外资流入第二大国，外汇储备连续多年位居世界第一。国际社会在见证中国发展成绩的同时，试图探究中国的发展道路、政策和理念，寻找中国发展的内生动力。其实，这与中国坚持独立自主息息相关。

党的十八大以来，以习近平同志为核心的党中央深刻把握世界发展大势，坚定不移推进中国特色大国外交，谋划运筹对外工作全局，引领中国外交锐意进取、攻坚克难，为民族复兴尽责、为人类进步担当。在推动各国经贸合作、繁荣发展的同时，中国积极引领不同文明之间的互学互鉴，为推动世界各国人民共同创造更加美好的未来作出了重要贡献。加强全球治理、推动全球治理体系变革是大势所趋。随着各类全球性挑战叠加蔓延，新兴市场国家和发展中国家群体性崛起，现有全球治理体系无法有效应对挑战，也难以反映国际政治经济力量对比的变化。世界上的事情越来越需要各国共同商量着办，建立国际机制、遵守国际规则、追求国际正义成为多数国家的共识。在不同场合，习近平总书记多次阐述对全球治理的看法。他指出："什么样的国际秩序和全球治理体系对世界好、对世界各国人民好，要由各国人民商量，不能由一家说了算，不能由少数人说了算。"① 这是对中国坚持独立自主的最好诠释。

三、建设现代化强国的重要遵循

中国共产党深知，只有坚持独立自主，找到适合自身发展的道路，才能实现自己的强大和振兴。习近平总书记深刻指出："中国有九百六十多万平方公里土地、五十六个民族，我们能

---

① 习近平．在庆祝中国共产党成立 95 周年大会上的讲话［M］．北京：人民出版社，2016：20.

照谁的模式办？谁又能指手画脚告诉我们该怎么办？对丰富多彩的世界，我们应该秉持兼容并蓄的态度，虚心学习他人的好东西，在独立自主的立场上把他人的好东西加以消化吸收，化成我们自己的好东西，但决不能囫囵吞枣、决不能邯郸学步。”① 这是建设中国特色社会主义现代化强国的重要遵循。

1. 建设现代化强国必须走好自己的路

道路问题是决定一个国家和民族前途命运的重大问题。起步晚、落差大，但中国却从极低的起点、以极快的速度驶出经济社会发展的加速度。为什么能？答案无疑是我们选择了属于自己的正确道路。正是坚持了立足自身国情、独立自主的发展之路，才使中国的现代化建设取得举世瞩目的巨大成就，才使中国第一次依

---

① 中共中央文献研究室编. 十八大以来重要文献选编（中）[M]. 北京：中央文献出版社，2016：60.

靠自己的力量实现全面小康，第一次通过走自己的路实现跨越赶超。中国以现代化建设的实际行动告诉世界，中国既没有与人类文明“脱钩”，又没有模仿依附他人；既选择融入国际社会，又没有滑向“西方轨道”；既吸收借鉴人类社会一切优秀文明成果，又没有失去自主性。

一个国家的现代化建设道路，关系到这个国家的现代化建设成败。适合我国国情和特点的强国之路，只能由中国人民结合自己现代化建设的实际来寻找和决定。习近平总书记反复强调：“世界上没有放之四海而皆准的具体发展模式，也没有一成不变的发展道路。”① 中国特色社会主义现代化强国道路，是在中国共产党的领导下，立足中国现代化建设的基本国情，适应国内外现代化建设的新变化和新趋势，顺应全国各族人民过上更好生活的新愿望和新期

---

① 习近平. 在纪念毛泽东同志诞辰 120 周年座谈会上的讲话［N］. 人民日报，2013-12-27（2）.

待，把握现代化建设和发展的规律和方向而作出的。

建设社会主义现代化强国需要具备以下条件，从而对坚持独立自主提出了更高的要求：一是夯实坚实基础。我国社会主义现代化道路的“基”和“本”就是中国特色社会主义。中国共产党需要进一步坚定“四个自信”，增强中国特色社会主义的生命力和创造力，扩展和厚植社会主义现代化道路的根基。二是明确战略安排。党的十九大作出了从全面建成小康社会到基本实现现代化、再到建成社会主义现代化强国的战略安排。在实现强国问题上，我们还需要进一步确定主要任务，更加精确地绘制建成社会主义现代化强国的时间表和路线图。三是完善基本内涵。新时代以来，中国共产党提出了国家治理体系和治理能力现代化、现代化经济体系、人与自然和谐共生的现代化等新思想、新论断，大大丰富和深化了对建设社会主义现代化强国内涵的认识，在这些问题上仍需要开展创新探索。四是把握战略布局。“四个全面”战略布局是统筹推进“五位一体”总体布局的主攻方向，这是建设社会主义现代化强国的战略布局。这一布局还需要随着时代变化不断丰富完善。五是提供精神指引。中国共产党需要继续高举马克思主义旗帜，共产党人需要继续牢固树立共产主义远大理想和中国特色社会主义共同理想，始终发扬伟大建党精神、民族精神和时代精神等。总之，在推进建成中国特色社会主义现代化强国中，要求我们既坚持科学社会主义的基本原则，又要根据我国实际和时代特征赋予其鲜明的中国特色和中国气派，要做到这一点就必须更加重视独立自主。

2. 建设现代化强国必须依靠自己的力量

在国家之间的竞争日益激烈的今天，一个国家的现代化建设不但要立足于本国的实际，走自己的现代化建设道路，而且要依靠本国的实力和力量进行现代化建设。

靠自己是一种清醒。世界上总有一些人、一些势力不愿意看到中国强大起来，唱衰中国的舆论在国际上不绝于耳，各式各样的“中国崩溃论”从来没有中断过。特别是当前，世界百年未有之大变局和新冠肺炎疫情全球大流行交织影响，外部环境更趋复杂严峻。一些国家为了维护自己的霸权地位和既得利益乃至从其他国家获取更大的利益，总是想方设法对中国进行围堵，妄图打击中国、遏制中国正常发展。面对如此复杂严峻的国际形势，我们更要保持头脑清醒，更不能忘记独立自主这个传家宝。

靠自己是一种智慧。对强者来说，困难不是绊脚石，而是铺路石。只要练好了“内功”、增强了实力，就能从容应对任何风浪，永远立于不败之地。而这个“内功”就是要掌握关键技术、核心技术、高新技术。只有把关键核心技术掌握在自己手中，才能从根本上保障安全，才能实现持续稳定发展。靠自己解决“卡脖子”问题，迫切要求发挥我国社会主义制度能够集中力量办大事的优势，迫切需要以国家实验室、重大项目、政府基金等为抓手，把国家主导的科研创新体系与企业主导的以市场竞争为主的科研创新体系相结合，迫切需要通过集聚人才和企业家等创新主体，建立激发各种要素活力的制度机制；迫切需要聚四海之气、借八方之力塑造更多依靠创新驱动、更多发挥先发优势的引领型发展。

靠自己是一种自信。中国人民对走自力更生道路的坚定决心，源自对制度优越性、国民精气神的坚定信心。只有坚持发挥社会主义制度优越性，集中力量办大事，抓重大、抓尖端、抓基本，才能破技术症结，闯过难关。面对靠技术封锁遏制中国的强国征程的状况，需要中国继续加强自力更生、自主创新，打破外部的干扰和破坏。

新时代中国开启建设社会主义现代化国家新征程，中国走自力更生道路的步伐会更加坚定不移。正如习近平总书记反复强调的：“中国要发展，最终要靠自己。”① 在如今这样一个重要的历史时刻，全党全军全国各族人民更要有着清醒的认识：帝国主义是靠不住的，“教师爷”是靠不住的，各国条件千差万别，没有谁的经验可以照搬照抄，想解决自己的事，只有独立自主、自立自强，只有靠自己的人民，靠自己的祖国，才能真的办得成，办得好。

当前，世界正处于百年未有之大变局，我国发展面临着前所未有的风险挑战，既有国内的也有国际的，既有政治、经济、文化、社会等领域的也有来自自然界的，既有传统的也有非传统的，“黑天鹅”“灰犀牛”还会不期而

① 习近平. 解放思想锐意进取深化改革破解矛盾　以新气象新担当新作为推进东北振兴［N］. 人民日报，2018-9-29（1）.

至。随着新一轮科技革命和产业变革深入发展，各国围绕抢占科技制高点的竞争十分激烈；经济全球化处在十字路口，新旧动能转换势在必行；国际力量对比深刻调整，全球治理体系变革迫在眉睫；新冠肺炎疫情全球大流行和世界百年未有之大变局相互影响，给世界各国经济社会发展带来了新的更大挑战。要更好应对前进道路上各种可以预见和难以预见的风险挑战，我们必须坚持独立自主。

第二章

独立自主的丰富内涵

独立自主是马克思主义关于无产阶级政党领导本国人民进行革命、建设、改革事业的根本立场、观点和方法，在马克思主义思想体系中占有很重要的位置。独立自主具有十分丰富的内涵，既涉及统一战线中共产党与其他政党的关系，又涉及中国共产党与外国党的关系，还涉及国与国的关系。在实践中做到独立自主，必须要坚持一定的原则，以彰显其阶级性、方向性、主体性和创新性。

一、独立自主的含义

独立、自主、自立——要解读独立自主概念

和中国共产党独立自主思想，离不开这三个关键词。它们共同构成了独立自主概念，形成了完整的含义。从摆脱外在的束缚、不成为依附和附庸来讲，独立自主侧重于独立的含义；从“自己的事自己作主”的含义来讲，独立自主侧重于对自主方面的诠释；从依靠自己，而不是依靠他人，把立足点放在依靠自己这个层面来说，独立自主侧重于自立。因此，为了更好地解读什么是独立自主，有必要对“独立”“自主”“自立”这三个概念进行诠释。

1.“独立”的内涵

中西方文化对于独立概念的理解有所区别。在中国，一般是在关系本位或是家国伦理的语境下阐明独立意义。而西方人的自治、自助，个体的政治权利或是美德、自由，都是侧重于在个人主义情境中强调独立概念。中西方文化对独立的理解也存在一些共性，那就是都强调独立是不依附他人。

首先，独立以独立性存在为前提。古希腊社会中的自由不属于奴隶，就在于依据当时的法律，奴隶不属于独立的人，无权对自己的活动作出自主的选择。工人在商品的流通领域里是独立自主的人，但在商品生产过程中则变成了资本的奴隶，他不再属于自己，而属于资本家，他也就失去了独立的可能。没有独立性的人，是不可能独立的。什么是独立性呢？通俗地说，坚持独立，首先要坚持自己的独立存在权，保护它避免遭受外界的侵犯。

其次，独立代表着思想行为具有自主性和自觉性。受制于外在压力与外在力量的行为之所以不能称之为独立，深刻的原因在于，这种行为不具有自主与自觉选择的性质。因此，在独立范畴的一般界定中，必然包含着人的自主性、自觉性的规定。

最后，独立意味着要有独立思考和独立行

动的能力。独立思考、独立探索，进行学习中的创造和超越，这是马克思主义实践唯物主义的逻辑要求，也是中国共产党独立自主思想的重要特征。毛泽东明确指出："最重要的是独立思考，把马列主义的基本原理同中国革命和建设的具体实际相结合。"只有独立思考，才能避免不分析事物、毫无自己的主见、毫无独创性精神、盲目跟着别人走的错误做法。

可见，独立是以存在的独立性为前提，要认识并坚持自己的差异性、特殊性、独特性，根据自己所特有的情况和问题进行独立思考和独立活动，充分体现人的自主性和自觉性，而不受外力的支配，并在统一中寻求独立。

2."自主"的内涵

在西方文化中，"自主"是一个很重要的概念，其对立物是"他主"，他主表示被动、反常和无个性等。在中国，传统文化中几乎没有使用“自主”这个词。到了近代，在探索实现国家独立和人民民主的历史进程中，“自主”这个概念逐渐被广泛使用。具体来说，主要体现在三个方面：一是用“自主”来宣传天赋人权论，表达“民主”的语义。二是用“自主”来诠释自由。三是把“自主”当作是个人相对于集体而言的权利，把“自主之权”作为反对专制主义和反对帝国主义侵略的武器。

通过梳理，我们发现，自主这个概念包含独立、自由、自决、自己支配自己、自己作主、自己掌握自己命运的语义。正如《辞海》中指出：“自主”是“自己做主，不受别人支配”。具体而言，主要包含以下几方面内容：

对于自然界来说，自主就是人通过自己的实践活动改变了物质存在形式，实现自己的预期目的，把自然生存条件置于自己的控制之下，成为自然界的主人。

对于社会来说，自主就是指人创造了社会

关系和社会设施，而且它们是为人的生存和发展服务的，从而把社会生存条件置于自己的控制之下，成为自己与社会结合的主人，是对剥削、压迫、独断专横统治行为的否定。

对于自己本身来说，自主表示人是自己的主人，自己主宰自己的命运。在实践和交往活动中，自己也是自己活动的对象，合理利用自己的选择权利，自觉地自我调节和自我控制，协调自己的知、情、意、行，使自己的需要与环境条件相适应，按照自己的方式去思考、去认识、去行动。恩格斯指出："人终于成为自己的社会结合的主人，从而也就成为自然界的主人，成为自己本身的主人。"① 可见，自主在这三层关系上都表达了自己作主的主体性、自觉性特征。

如何才能实现自主？马克思认为只有消灭

① 马克思，恩格斯．马克思恩格斯全集：第20卷［M］．北京：人民出版社，1971：710.

私有制，才能为实现人的自主提供经济前提。就是说，当生产（生活）资料属于每个人所有、占有和支配，个人才具有发展其自主个性的社会物质生活条件。因此，推翻私有制，是实现自主的前提和基础，只有自主才能真正有自由。那么，在社会主义社会，社会生产力的大力发展，生产资料公有制的建立、坚持和巩固，都为实现自主个性提供了基础条件。但即使在社会主义条件下，不断提高劳动者的自主性也是十分必要的。

3. “自立”的内涵

梁启超曾指出，因为有了自觉，自然会自动；会自动，自然会自立。一个人会自立，国民里头便多得一个优良分子；人人会自立，国家当然自立起来了。这指出从自觉认识到自觉行为，从个人自立到国民自立，进而实现国家自立，都是因为人的自觉性认识和自觉行为。

自立包括四个层面的含义：一是自立的基点是靠自己，而不是靠他人；二是自立既是精神品格，又是塑造品行的方法；三是自立的对象既可指个人，也可以是民族或国家；四是自立是在自己与他人、与世界的互动关系中强调自己是立足点，不能把自立当作是孤立。

这些都给独立自主的“自立”概念的理解提供了基础。在马克思主义视域下，自立就是强调自力更生，强调依靠自己的力量办事。

中国共产党历来主张，无论是在革命事业还是在建设和改革事业中，都要采取自力更生的方针，依靠自己的力量，依靠人民群众的力量。毛泽东说，我们的方针要放在什么基点上？放在自己力量的基点上，叫作自力更生。1946年7月，陈云在为中共中央东北局起草的《东北的形势和任务》的决议时也指出：“主要依靠自己而不应依赖外力。只有自力更生，自立自强，自己有办法，自己立于不败之地，国际和国内各方助我之力量，才能发生作用……否则就是不可靠的，是危险的。”① 习近平总书记也指出，自力更生是我们中华民族自立于世界民族之林的奋斗基点。他还指出，党的十八大以来我们党能够带领中国人民取得辉煌成就，“自信自强、守正创新”是一个十分重要的因素。

在中国革命、建设、改革的过程中，中国共产党总是把自力更生作为基本点，强调发挥自己的积极性和创造性，强调必须人人下决心，从事最艰苦的工作，而不依赖外界。

但自力更生并不是拒绝一切外援。因为“自立”不是“孤立”，而是在各种关系的互动中强调依靠自己这个基点。毛泽东指出，我们是主张自力更生的。我们也希望有外援，但是我们不能依赖它，我们要依靠自己的努力，依靠全体军民的创造力。后来，中国共产党在总

---

① 陈云. 陈云文选：第 1 卷［M］. 北京：人民出版社，1995：309.

结经验的基础上提出“自力更生为主，争取外援为辅”的方针，把自立和外援两个对立面辩证统一起来。

总之，独立、自主、自立，三者在内涵和外延上是相互区别的。但是，这三者又是彼此相互联系、相互蕴含，共同构成独立自主这个统一的整体。在独立自主概念内涵中，独立是前提，如果没有与统一性相联系的独立性，那么自立和自主就没有基础。但如果想要获得真正的独立，就必须自立，必须依靠自己的力量而不是依靠他人的力量生存。真正的独立也必然要求实践中的自主权和自由权，在受人控制和外力干涉下，独立就不可能真正实现。独立、自主、自立，相互联系和相互作用，共同构成独立自主概念的内涵。

4.“独立自主”的内涵

中国共产党把“独立自主”作为一个完整

的概念首次提出是在抗日战争时期。1937 年 8 月，毛泽东和张闻天在关于红军作战原则的指示中提出了独立自主原则。此后在作战指示中多次强调“独立自主的山地游击战”这一方针。1937 年 11 月在《上海太原失陷以后抗日战争的形势和任务》一文中，中国共产党公开使用“独立自主”一词。在这个提纲报告中，毛泽东正式提出“统一战线中的独立自主”，并把它作为指导各抗日根据地的原则。在 1938 年召开的党的六届六中全会上，毛泽东作了“统一战线中的独立自主问题”的专题论述。新中国成立以后，在社会主义建设实践中，中国共产党对“独立自主”概念的使用多集中在经济和外交领域。毛泽东提出要独立自主地搞建设。在改革开放实践中，邓小平指出，独立自主不是闭关锁国，自力更生不是盲目排外。中国共产党把独立自主与改革开放密切结合，强调改革开放的独立自主原则，强调走自己的中国特色社会主义道路。此后，江泽民和胡锦涛强调要把坚持独立自主与参与经济全球化相结合，既主动融入经济全球化进程，又要坚持独立自主。在中国特色社会主义新时代，习近平强调坚持独立自主，就要坚定不移走中国特色社会主义道路。

纵观中国共产党对独立自主概念的使用，其基本内涵主要体现在以下四个方面：

一是要把马克思主义的普遍真理同本国的实际紧密结合起来，走自己的道路。在党的十二大开幕词中，邓小平开宗明义地提出：“把马克思主义的普遍真理同我国的具体实际结合起来，走自己的道路，建设有中国特色的社会主义。”[①] “走自己的路”，是国际社会主义运动史上的崭新课题，更是中国实现社会主义现代化的必由之路。以党的十二大为标志，一代代中

---

① 邓小平．邓小平文选：第3卷［M］．北京：人民出版社，1993：3.

国共产党人坚定不移走中国特色社会主义道路，与时俱进不断拓展中国特色社会主义道路，中国面貌日新月异，中华民族迈进强起来的新时代。

二是无产阶级在与其他阶级建立统一战线时要保持阶级的独立性。独立性既包括共产党对其他工人政党的独立性，也包括无产阶级政党对其他阶级政党的独立性。马克思主义认为，无产阶级政党在同其他阶级的政党联合行动时，必须坚持政治上、思想上和组织上的独立，而且要把握统一战线的领导权。统一战线中领导权的问题是一个重大的原则问题。统一战线不是各种力量的简单组合，而是具有明确的政治方向和奋斗目标的组织化的体系，无产阶级政党是具有发挥领导作用的政治核心力量。

三是各国无产阶级政党自己决定如何进行本国的革命和建设事业。无产阶级的国际联合首先必须建立在各国无产阶级政党独立自主的基础上，各国无产阶级政党要独立自主地对本阶级和本国人民负责，根据马克思主义的基本原理选择自己国家走向社会主义的道路，决定政策和处理党内一切事务，判断政党关系中的是非曲直。

四是无产阶级的革命和建设事业要放在依靠本国人民力量上。无产阶级政党要从本国的具体情况出发，主要依靠本国人民的力量，充分利用自己的资源和资金来发展民族经济。但是，坚持独立自主、自力更生的方针，绝不意味着闭关锁国，自给自足，一概排斥同外国进行平等互利的经济合作和技术交流。恰好相反，只有在独立自主、自力更生的方针条件下对外开放，发展对外经济技术交流，才能促进本国经济的发展，增强本国自力更生建设社会主义的能力。

总之，独立自主具有丰富的内涵，既包括党与党的关系，也涉及国与国的关系，既需要坚持思想上的独立，推进马克思主义中国化，也需要坚持组织上的独立，正确处理中国共产党和其他无产阶级政党的关系，还需要在发展道路上坚持独立，坚持“走自己的路”。

二、独立自主的原则

原则是指行事所依据的准则。要做到独立自主，应该在处理中国共产党同其他国内政党关系上，坚持既团结又斗争的原则；在处理中国共产党与外国政党的关系上，坚持借鉴外国政党经验与“走自己的路”相结合的原则；在处理国家与国家的关系问题上，坚持和平共处的五项原则。

1. 坚持既团结又斗争的原则

同盟者与统一战线相伴而生。统一战线工

作的任务就是团结同盟者为共同的目标而奋斗。团结同盟者必须照顾其利益。“照顾同盟者利益”作为统战工作的重要政策思想，是中国共产党在长期的统战工作实践中总结出来的重要经验和原则。

中国共产党带领中国人民进行革命、建设、改革的历史，是与同盟者团结奋斗的历史，也是照顾同盟者利益共同前进的历史。土地革命时期，农民是无产阶级坚固的同盟者。“打土豪、分田地”的政策，极大调动了农民的积极性，有力地巩固了工农联盟。

抗日战争时期，一切抗日的阶级和阶层都是我们的同盟者。在共产党领导的抗日根据地建设“三三制”政权和实行减租减息政策，进一步巩固了抗日民族统一战线。在与民主党派的合作过程中，共产党在政治上、经济上采取了一系列正确的方针政策。政治上，坚决支持民主党派反对国民党一党专政的斗争；经济上，允许民族资本主义发展，并在危难之际想方设法悉心照顾。上海沦陷前，共产党护送包括宋庆龄、沈钧儒、邹韬奋、郭沫若等在内的爱国民主人士向内地或香港转移。香港沦陷后，共产党又从日军的严密封锁中掩护、接应包括宋庆龄、何香凝、柳亚子、陈济棠、茅盾等在内的爱国民主人士和文化界知名人士从香港撤离。

解放战争时期，中国共产党继续执行照顾同盟者利益的政策。在旧政协召开前，国民党有意大幅压缩民盟参会名额，是共产党让出自己的名额并从其他方面设法增加民盟的名额，使民盟保持了较多的参会名额，促进了政治协商会议的召开。

1946 年 2 月，在“校场口惨案”中，许多民主党派领导人和社会贤达被国民党特务打伤，周恩来冒着危险亲临现场制止了事态的蔓延。在 1946 年 6 月的“下关事件”中，民主促进会领导人马叙伦被国民党特务打成重伤，周恩来前去看望，马叙伦激动地说："中国的希望只能寄托在你们身上了！"

实践证明，正是中国共产党一贯执行照顾同盟者利益的政策，对民主进步人士和广大同盟者的关心和爱护，才赢得了他们的信任和尊重。

对于同盟者利益给予照顾，那么对于民族资产阶级呢？由于民族资产阶级具有两面性，既有软弱、妥协的一面，又有革命的一面。作为生产资料的私人占有者，他们渴望私有财产的无限制累加和膨胀。因此，尽管他们能够参加新民主主义革命，却始终向往资本主义道路，并与工人阶级争夺革命的领导权，这与工人阶级政党的最终目标是相对立的。所以，共产党在坚持无产阶级领导权的前提下，对他们采取了"又联合又斗争""以斗争求团结"的正确政策，建立了广泛的统一战线。

即便是对国民党顽固派，中国共产党仍提

出了“有理、有利、有节”的斗争策略。有理是指自卫原则，人不犯我，我不犯人，人若犯我，我必犯人。有利是指胜利原则，不斗则已，斗则必胜，不搞无把握的斗争。有节是指休战原则，决不无止境地斗下去，要有节制，有利再战。

1939 年 1 月，国民党五届五中全会提出“溶共、防共、限共”的反动方针后，国民党顽固派在华北掀起第一次反共高潮。1941 年 1 月，国民党又制造皖南事变，把国共两党合作关系推向破裂的边缘。在国内外错综复杂的险恶形势下，在同国民党的斗争中，共产党坚持有理、有利、有节的斗争原则，以有理的斗争进行反击和防御，以有利的斗争打击和制约国民党顽固派的反共气焰，以有节的斗争使得国民党蒋介石继续留在抗日阵营内，从而维持了全民族抗战的局面，充分展现了共产党有理、有利、有节高超的斗争艺术。

社会主义革命时期，中国共产党仍注意团结民族资产阶级，依据其拥护宪法和愿意接受改造的一面，制定了把改造资本主义工商业同改造资产阶级分子相结合的方针，在政治上对他们采取团结、争取、教育的政策，同时，对于他们消极、剥削人民的一面进行了积极斗争，逐步把他们由资本主义剥削者改造成社会主义劳动者，从而顺利地完成了社会主义改造。

2. 坚持借鉴外国政党经验与“走自己的路”相结合的原则

中国共产党领导的革命是在俄国十月革命的影响下展开的。革命初期，我们党内一些同志认为“走俄国的路”，就是按照俄国的革命方式推进革命，举行城市起义，结果严重脱离实际，使中国革命遭受很大损失。

在总结经验教训的基础上，毛泽东深入研究了中国革命的特点和规律，创造性地把马克思主义运用到中国革命的具体实践中，开创了一条通过新民主主义走向社会主义的革命道路。这条道路的突出特点，就是以农民为主体、以土地为中心，而且是四个阶级即工人阶级、农民阶级、小资产阶级和民族资产阶级在中国共产党领导下的联合革命，并形成以农村包围城市、最后夺取全国胜利的总战略。

以毛泽东同志为主要代表的中国共产党人在运用马克思主义解决中国革命问题过程中，已经获得了一条重要的经验性认识，那就是：解决中国任何问题，都必须立足于中国的实际，走自己的路，不能照抄照搬任何国家的经验。

新中国成立初期，我们在没有任何建设经验的情况下，不得不学习苏联的做法，毛泽东总觉得不满意，心情不舒畅。当我们有了一些建设经验之后，毛泽东就明确提出要“以苏为鉴”，不能再走别人走过的弯路，并强调我们要根据马列主义普遍真理，结合本国的具体情况来办事。

1958 年，毛泽东正式提出“自力更生为主，争取外援为辅”的社会主义建设的基本指导方针。坚持以自力更生为主，是由我国国情决定的。在中国这样一个人口众多的社会主义大国，搞社会主义现代化建设，不靠自己不行，必须依靠自己的力量，依靠中国人民的奋发图强、艰苦奋斗！

依靠自己的力量进行社会主义建设，绝不是说不需要外援，更不是说可以闭关自守，更不能把自力更生同争取外援对立起来。在经济上，我们要学习外国的先进的科学技术和管理经验，更好地让外国的技术和先进管理经验为社会主义经济建设服务。同时，在文化上，要古为今用，洋为中用。我们不仅要弘扬中国古代的精粹，国外有价值的东西我们也要拿来学习。对于传统文化，我们要取其精华、去其糟粕，以史为鉴；对于外国文化，我们要批判地吸收对国家对民族有利的东西，这也体现了文化的开放性和包容性。

为了走出一条适合中国特点的社会主义建设发展道路，毛泽东带领党和人民进行了长期探索。这一探索虽然艰辛曲折，但为开创中国特色社会主义提供了理论准备、物质基础和宝贵经验。

改革开放以后，邓小平带领党和人民继续进行探索。邓小平从历史经验中汲取智慧和力量，明确提出了“走自己的路，建设有中国特色的社会主义”的新命题。他指出，中国革命的成功，是毛泽东同志把马克思列宁主义同中国的实际相结合，走自己的路。现在中国搞建设，也要把马克思列宁主义同中国的实际相结合，走自己的路。

走自己的路，是历史经验，也是现实要求。进入中国特色社会主义新时代，坚持走自己的路，就是始终不渝坚持和发展中国特色社会主义。中国特色社会主义是建设社会主义现代化国家的新途径，是实现中华民族伟大复兴的正确道路。它创造了人类社会前所未有的发展成就，为中国人民赢得了前所未有的尊严和自信。

在新的历史起点上，尤其是在实现第二个百年奋斗目标的过程中，我们面临的风险挑战明显增多。只有坚定走自己的路的信念，坚定中国特色社会主义道路自信、理论自信、制度自信、文化自信，才能坚守党和人民的安身立命之本，避免在根本性问题上出现颠覆性错误，迎来中华民族更加美好的发展前景。

3. 坚持和平共处的五项原则

新中国成立前后，毛泽东多次发表声明，表示中国愿意在和平、互利及相互尊重主权和领土完整的基础上同世界各国建立外交关系。

1953 年 12 月 31 日，周恩来在同印度政府代表团就两国在中国西藏地区的关系问题举行谈判时，首次完整地提出了互相尊重领土主权（在亚非会议上改为互相尊重主权和领土完整）、互不侵犯、互不干涉内政、平等互惠（在中印、中缅联合声明中改为平等互利）和和平共处五项原则，并得到印方的赞同。

1954 年 4 月 29 日，中印两国政府把和平共处五项原则正式写入了双方签订的《关于中国西藏地方和印度之间的通商和交通协定》的序言中，从而使五项原则首次作为一个整体在国际条约上成为发展国际关系的指导原则。

1954 年 6 月 25 日至 29 日，周恩来先后访问印度和缅甸。访问中，周恩来分别于 28 日和 29 日同印度总理尼赫鲁、缅甸总理吴努发表联合声明，确认和平共处五项原则是指导两国关系的原则，并共同倡议将五项原则作为指导一般国际关系的原则。

1955 年 4 月 18 日，在印尼万隆召开的亚非会议上，中国倡导的和平共处五项原则得到了引申和发展，并被吸纳进会议通过的处理国际关系的十项原则之中。

和平共处五项原则问世以来，经久不衰，和者日众。和平共处五项原则之所以富有强大的生命力，是由于它植根于特定的历史背景，具有深刻的本质特征，符合当今的时代精神。

和平共处五项原则的诞生，反映了二战结束之后、殖民主义瓦解过程中广大新独立国家维护主权成果和建立国际新秩序的强烈愿望，融汇了新独立国家试图运用软实力防御任何强大外来侵略势力的卓越智慧。它的问世，体现了和平与发展开始成为时代潮流所产生的强大动力，同时也显示了中国、印度、缅甸等发展中国家一批政治精英对于人类历史的责任感和二战结束后在世界舞台上崭露头角所起的独特的进步作用。

和平共处五项原则体现着时代精神并在新时代继续得到深化，其原因是符合历史潮流。

世界要和平，国家要独立，民族要振兴，社会要进步，经济要发展，生活要提高，已成为不可抗拒的历史潮流，这一潮流急切地要求各国履行和平共处五项原则。

在新时代下坚持和弘扬和平共处五项原则、推动建设新型国际关系和美好世界这个问题上，习近平总书记曾提出“六个坚持”：

第一，坚持主权平等。主权是国家独立的根本标志，也是国家利益的根本体现和可靠保证。主权和领土完整不容侵犯。

第二，坚持共同安全。各国都有平等参与国际和地区安全事务的权利，也都有维护国际和地区安全的责任。我们要倡导共同、综合、合作、可持续安全的理念，尊重和保障每一个国家的安全。

第三，坚持共同发展。天空足够大，地球足够大，世界足够大，容得下各国共同发展繁荣。

第四，坚持合作共赢。“合则强，孤则弱。”合作共赢应该成为各国处理国际事务的基本政策取向。合作共赢是普遍适用的原则，不仅适用于经济领域，而且适用于政治、安全、文化等其他领域。

第五，坚持包容互鉴。文明多样性是人类社会的基本特征。当今世界有 70 多亿人口，200 多个国家和地区，2500 多个民族，5000 多种语言。不同民族、不同文明多姿多彩、各有千秋，没有优劣之分，只有特色之别。

第六，坚持公平正义。公平正义是世界各国人民在国际关系领域追求的崇高目标。

在经济全球化大背景下，国家之间的依存性加深，和平共处五项原则的本质恰恰是既能维护自身国家利益，又能尊重他国的国家利益。进一步说，在国家关系特别是大国关系中，贯彻实施双赢、共赢原则才符合各国的利益要求，而和平共处五项原则正是产生这种良性互动的基本条件。

三、独立自主的特征

中国共产党独立自主思想,是中国共产党在辩证唯物主义和历史唯物主义指导下，从中国实际出发，自主思考、自主探索、自主实践形成的思想，作为中国无产阶级及其政党的世界观和方法论，具有阶级性、方向性、主体性、创造性等重要特征。

1. 阶级性

中国共产党独立自主思想体现了中国工人阶级及其政党的世界观和方法论，无论是从理论还是实践上，都体现了无产阶级的阶级特性。这种阶级性的特点是与科学性、人民性相统一的。

中国共产党从诞生开始，就把党的最低纲领和最高纲领相结合，确立了实现民族独立、人民解放和国家富强、人民幸福相结合的奋斗方向。

与此奋斗目标相一致的是，毛泽东提出中国革命两重任务的观点，他认为中国革命是包括资产阶级民主主义性质的革命（新民主主义的革命）和无产阶级社会主义性质的革命、现在阶段的革命和将来阶段的革命这样两重任务的。也就是说，中国共产党并不把革命停留在完成中国资产阶级民主主义革命的阶段，而是在一切必要条件具备的时候把它转变到社会主义革命的阶段上去。

中国共产党的性质、中国革命两重任务，决定了中国共产党在独立探索完成中国革命任务的路径和方法上的阶级性。

中国共产党独立自主思想是为谁服务的，或者说是为哪个阶级所用的，这个问题的回答体现了阶级性。中国共产党独立自主思想是在马克思主义指导下，为中国共产党、中国无产阶级、中国人民观察自己、观察自己和世界的关系提供基本立场、基本观点和基本方法。就是说，在革命、建设、改革中，中国共产党运用独立自主思想，处理政党与政党、国家与国家、人与人之间的关系，宣扬中国无产阶级的解放靠自己，中华民族和中国人民有权对自己的内部事务作出自己的主张。

中国共产党独立自主思想的阶级性与科学性、人民性是统一的。中国共产党独立自主思想的阶级性是建立在科学基础上的，以辩证唯物主义和历史唯物主义为思想基础，遵循人类社会发展的一般规律，并且以党的历史活动为实践依据，体现了中国社会的客观性。

中国共产党独立自主思想的阶级性又体现了人民性。近代中国，帝国主义、封建主义、官僚资本主义压迫和剥削人民，中国共产党把实现人民民主作为党的奋斗目标之一。新中国成立后，中国共产党建立起人民民主专政的政府，实现让人民当家作主的愿望。为人民服务是中国共产党的宗旨。毛泽东指出："共产党并不要谋求自己的私利，它所谋求的只是大多数人民的利益、全民族的利益、劳苦大众的利益。"①

2. 方向性

强调独立自主，并不是说中国共产党在进行革命和建设事业时可以主观任意而为，我行我素，而是要遵循一定"指针"的指向前行。

中国共产党独立自主思想无论是从理论还是从实践上，都体现了把马克思主义基本原理与中国实际相结合的方向。

1945 年，党的六届七中全会通过的《关于

---

① 中共中央文献研究室编. 毛泽东年谱（1893—1949）[M]. 北京：中央文献出版社，2013：682.

若干历史问题的决议》中指出："中国共产党自一九二一年产生以来，就以马克思列宁主义的普遍真理和中国革命的具体实践相结合为自己一切工作的指针。"① 把马克思主义的普遍真理与中国实际相结合，既是党的工作的"指针"，也是独立自主思想的"指针"。独立自主应以合乎规律性和合乎目的性相结合为方向。

一方面，中国共产党在独立探索中国社会革命和建设道路，应遵循人类社会发展的普遍规律。马克思主义是揭示人类社会发展的普遍规律的科学理论。因此，中国共产党把马克思主义作为最好的真理和实现民族独立和人民民主的最好的思想理论武器。

另一方面，中国共产党要以实现民族独立和人民民主为目的。只有以中华民族独立和人民民主为出发点，从中国的具体实践出发，才

① 毛泽东. 毛泽东选集：第1卷［M］. 北京：人民出版社，1991：952.

能实现马克思主义普遍真理的价值。

3. 主体性

中国共产党独立自主思想，是中国共产党对自身历史实践经验的自觉认识和总结，体现了中国共产党的主体性。

首先，中国共产党是独立自主思想原则的提出者和确立者。建党伊始，中国共产党作为共产国际的支部，与共产国际之间是领导与被领导的关系。在共产国际实行高度集中的领导体制下，中国共产党的决议，党的领导集体，党的路线、方针的确定，都离不开共产国际，甚至党的错误和对错误的纠正，也都与共产国际有关。在这种关系下，中国共产党内部逐渐形成对共产国际指示的盲目迷信。以毛泽东同志为主要代表的中国共产党人针对党内的这种“本本主义”错误，提出“中国革命斗争的胜利要靠中国同志了解中国国情”的观点，从中国实际出发探索中国自己的革命道路，初步形成独立自主的思想。抗日战争时期，以毛泽东同志为主要代表的中国共产党人提出抗日民族统一战线中的独立自主，并把独立自主确立为中国革命的一项基本原则，在政治、经济、军事、思想文化方面全面贯彻。

其次，中国共产党是中国国情和中国实际的了解者和把握者。把马克思主义基本原理与中国实际相结合，很重要的是对中国国情的了解和把握。在中国国情的构成要素中，最核心的是社会性质和社会发展阶段。

近代中国属于什么性质的社会？这是20世纪30年代初中国知识分子热烈争论的一个话题，他们提出了各种不同的见解和主张。在此基础上，中国共产党经过谨慎思考后，确认近代中国是半殖民地半封建社会，这在毛泽东著作《中国革命和中国共产党》《新民主主义论》中得到充分肯定。对半殖民地半封建社会性质的准确把握，为中国共产党独立自主探索并形成农村包围城市、武装夺取政权的道路提供了依据。

20 世纪 80 年代，中国共产党在总结探索中国社会主义建设道路的成功和教训的基础上，对“什么是社会主义、怎样建设社会主义”的基本问题进行独立思考，作出中国处于并将长期处于社会主义初级阶段的自主判断。社会主义初级阶段这个中国最基本的国情，为探索并形成中国特色社会主义道路提供了前提和依据。

再次，中国共产党是独立自主思想的诠释者。中国共产党提出并确立独立自主思想原则后，为使独立自主能为大众接受，不断对其进行说明、强调、升华、完善。抗日战争时期，毛泽东提出统一战线中的独立自主的观点后，中国共产党就进行了全面的阐述。党的十一届三中全会实行改革开放政策，中国共产党强调：“独立自主不是闭关自守，自力更生不是盲目排外。”在经济全球化态势下，中国共产党既要坚持独立自主，又要积极参与经济全球化。1981年的《关于建国以来党的若干历史问题的决议》把独立自主作为毛泽东思想活的灵魂的一个基本内容，指出独立自主是以中国实际为依据，依靠自己力量进行革命和建设所得出的“必然结论”。这些观点，都是中国共产党对独立自主在实践中作出的新的诠释。

4. 创造性

中国共产党独立自主思想，并不是排斥向他人学习，而是强调学习他人经验时的独立思考和独立探索，体现了党的独创精神，这种独创精神是独立自主思想发展的不竭动力。

新民主主义革命实践中，我们学习西方，马克思主义就来自西方；学习俄国的革命经验，走武装革命道路。社会主义革命和建设初期，学习苏联社会主义建设经验，借鉴苏联模式。

改革开放和社会主义现代化建设时期，也是学习西方的先进经验。但是，这种学习不是照搬照抄，是把马克思主义基本原理与中国实际相结合，是对人类文明成果的借鉴，是既学习又保持自己的独立思考和独立探索。

正如邓小平指出的："我们党的十一届三中全会的基本精神是解放思想，独立思考，从自己的实际出发来制定政策。因为在中国建设社会主义这样的事，马克思主义的本本上找不出来，列宁的本本上也找不出来，每个国家都有自己的情况，各自的经历也不同，所以要独立思考。"

总之，中国的革命、建设和改革道路，都是中国共产党和中国人民在学习的基础上，结合中国国情，独立思考、独立探索的创举。中国革命走农村包围城市、武装夺取政权的中国特色革命道路，是以毛泽东为代表的中国共产党人和中国人民的伟大创举。以和平方式实现社会主义革命，建立社会主义基本制度，是中国共产党的创举。中国特色社会主义道路，也是中国共产党和中国人民独立思考、独立自主探索并形成的创举。

第三章

独立自主思想的演变

中国共产党独立自主思想有一个历史演变过程，是由不自觉到自觉，由必然王国到自由王国而逐步完善的，是中国共产党人总结党成立以来的革命、建设、改革事业的经验教训逐渐概括提炼形成的，是中国共产党集体智慧的结晶。

一、独立自主思想的萌芽

中国共产党独立自主思想的提出，是对历史使命的深刻认识，贯穿在党处理与共产国际关系、对中国革命的探索之中。中国共产党自诞生之日起，就面临着十分严峻的考验：在一个半殖民地半封建的东方大国领导革命是独立自主探索自己的道路，还是照搬照抄别国模式？在世界无产阶级革命实行集中统一领导的格局下，中国共产党坚持独立自主是一个难以解决但又必须解决的课题。

1921年7月，中共一大正式召开，共产国际代表马林、尼科尔斯基都希望中国共产党能够加入共产国际，成为其一个支部。与会代表们主张在中国直接进行社会主义革命，为体现对共产国际的尊重，同意联合第三国际，但拒绝和其他党派或者政治团体进行联合，体现了追求独立自主开展中国革命的愿望。

1922年7月，中共二大召开，会议同意加入共产国际，成为它的一个支部。在共产国际帮助下，中国共产党人运用马克思主义理论制定了反帝反封建的民主革命纲领，会议通过的《关于“民主联合战线”的议决案》正式提出：共产党应该联合全国革新党派，组织民主联合战线。由此，党开始产生独立领导革命统一战线的理论。中共三大明确提出：与孙中山领导的国民党建立统一战线，进行反帝反封建军阀的革命运动，并郑重表达了党要在政治上、思想上、组织上保持相对独立性的观点。随着革命的发展，国民党右派发生了变化，面对复杂的形势，毛泽东、邓中夏、瞿秋白、恽代英、萧楚女等对党的独立性问题进行了探讨。1924年11月，邓中夏在《我们的力量》的文章中，对中国社会各阶级作出初步分析后提出了科学结论，即中国将来的社会革命的领袖是无产阶级，就是目前的国民革命的领袖亦是无产阶级。1925年12月，毛泽东在进行充分的调查研究之后发表了《中国社会各阶级的分析》的文章，强调了“谁是我们的敌人？谁是我们的朋友？”这个革命的首要问题，肯定了无产阶级是中国革命的领导力量，农民是最广大和最忠实的同盟军。还进一步提出了依靠贫农、雇农，团结中农的观点，进一步回答了如何领导农民的问题。在北伐战争期间，毛泽东开始从注重城市转移到注重农村。1926 年 9 月，他在《国民革命与农民运动》文章的开头提出农民问题乃是国民革命的中心问题，强调农民是我国革命的主力，是实现无产阶级领导权的基础，是革命可靠的同盟军。当大革命进入高潮之际，毛泽东针对陈独秀关于农民运动“过火”的言论，以及反动派诬蔑农民运动“糟得很”的攻击，在《湖南农民运动考察报告》一文中热情赞扬农民运动“好得很”。

中国共产党在成立初期，对于中国的历史状况和社会状况、中国革命的特点、中国革命的规律理解不深刻，共产国际对中国革命曾起过促进作用。但是，共产国际忽视了各国的情况千差万别，特别是在 20 世纪 20 年代后期和 30 年代用统一的、固定的模式来指导各国革命。中国共产党只能照搬，不能违反，这在政治上、思想上、组织上严重束缚了中国共产党。由于上述各种原因，中国共产党内出现了一切从本本出发，思想僵化、迷信苏联经验的严重状况。因此，冲破教条主义束缚是独立自主思想发展的重要基础。

二、独立自主思想的形成

土地革命战争时期,以毛泽东同志为主要代表的中国共产党人冲破党内“左”倾束缚，独立自主地思考、解决中国革命问题，促使革命在艰难困苦的条件下前进。

大革命失败后，毛泽东组织领导秋收起义。部队受挫后，中共湖南省委前敌委员会在浏阳文家市及时召开会议，科学分析形势，认为目前敌大我小、敌强我弱，攻打长沙不能成功，应该到敌人统治力量薄弱的农村积蓄和发展革命力量，经过激烈辩论否决了坚持“取浏阳直攻长沙”的意见。随后，毛泽东带领部队向湘南进军，后在江西井冈山创建了第一个农村革命根据地。

在中央苏区时期，毛泽东撰写了《中国的红色政权为什么能够存在?》《井冈山的斗争》《星星之火，可以燎原》等文章。他分析了半殖民地半封建的中国政治经济发展的不平衡性，指出了中国红色政权能够发生和存在的原因，强调开展土地革命，领导武装斗争，进行根据地建设。1928 年 10 月，中共湘赣边界第二次代表大会系统阐述了工农武装割据的思想。可以说，毛泽东从转战井冈山到提出“工农武装割据”，直至形成农村包围城市，武装夺取政权的革命道路理论都是在冲破了共产国际错误指示的压力，以及“城市中心论”教条主义思想的束缚的基础上，一步步形成了大胆、成熟且前所未有的独创性战略构想。

1930 年 5 月，毛泽东针对党内盛行的对共产国际和苏联共产党盲从的风气，发表了《反对本本主义》的文章，着重批判了那些以国际代表自居的教条主义者，“以为上了书本的就是对的”“开口闭口拿本本来”而轻视革命实践的错误思想行为。毛泽东公开表明，我们说马克思主义是对的，决不是因为马克思这个人是什么“先哲”，而是因为他的理论在我们的实践中、在我们的斗争中证明了是对的，我们的斗争需要马克思主义。中国革命斗争的胜利要靠中国同志了解中国情况。共产党的正确而不动摇的斗争策略决不是少数人坐在房子里能够产生的，是在群众的斗争过程中才能产生的，这就是说要在实际经验中才能产生。

“独立自主”思想在中共党史上的最初表述，主要包括以下内容：第一，夺取革命胜利只能靠中国同志。中国革命不能靠外国人代替包办，由于国情特殊，选择中国革命的发展道路，只能靠“中国同志”自己。在中国，要回答“红色政权为什么能够存在”“怎样实行土地革命”“在农村如何建设无产阶级政党”等问题，依靠共产国际和苏联找不到正确答案，只能依靠自己的努力探索、自主思考才能作出正确回答，体现了中国共产党人追求自主性、自觉性的思想。第二，马列主义本本必须同我国的实际情况相结合。当时，党内存在把共产国际决议绝对化、把苏联经验神圣化的倾向，党内部分同志认为中共六大制定“本本”是在共产国际指导下完成的，“是再好没有了”。对此，毛泽东提出，革命者要了解中国情况，独立自主制定斗争的政策以及策略，不能迷信他人。第三，中国革命要依靠多数人完成。中国革命面临严峻形势，不是少数人能成就的事业，必须发动广大人民群众积极开展斗争。这些论断回应了党内盛行的教条主义错误倾向，表明以毛泽东为代表的中国共产党人开始从照搬照抄苏联经验、盲目服从共产国际指示的禁锢中走了出来，认识到中国革命必须从中国的实际出发，将独立自主革命实践的经验上升到理论的普遍意义。

1933 年初，中共临时中央迁到了中央苏区，王明“左”倾错误在革命根据地的影响日益扩大，最终导致第五次反“围剿”失败，中共中央和红军被迫长征。在长征途中，党独立自主领导中国革命的愿望逐步成为现实，党对独立自主的认识实现了觉醒。

1935 年 1 月，中国共产党举行了具有历史意义的遵义会议，这是中国共产党独立自主地解决党内重大问题的新起点、新标志。在遵义会议上，毛泽东、张闻天、王稼祥等人批判了李德、博古所犯的错误，这在党史上是第一次。与此同时，与会者将共产国际军事顾问的错误和共产国际的指导问题进行严格区分，维护了中国共产党与共产国际之间的团结。会议决定取消博古、李德和周恩来组成的“三人团”的领导机构，事实上确立了毛泽东在中国共产党和红军中的领导地位。后来，毛泽东曾说：“真正懂得独立自主是从遵义会议开始的。”① 从遵义会议开始，中国共产党自觉把独立自主理论运用于中国革命的实践中。

在抗日战争时期，国共第二次统一战线正式建立，虽然民族矛盾是主要的，阶级矛盾下降到次要的地位，但阶级矛盾依然存在，蒋介石一直企图“溶共”“灭共”。中国共产党的领导人认真总结历史经验，全面论述了在统一战线中坚持独立自主的思想。1935 年 12 月召开的瓦窑堡会议上，党在制定抗日民族统一战线政策时明确提出了“共产党和红军在民族统一战线的领导作用”问题。1937 年 8 月 1 日，毛泽东在给中共与国民党谈判代表周恩来、博

① 中共中央文献研究室编. 毛泽东文集：第 8 卷［M］. 北京：人民出版社，1999：339.

古、林伯渠的电文中指出，红军作战是“在整个战略方针下执行独立自主的分散作战的游击战争”。8 月 4 日，毛泽东在《对国防问题的意见》中提出，“在整个战略部署下给与独立自主的指挥权”①。红军改编为八路军前后，党中央多次声明，坚持独立自主的山地游击战方针，独立自主指挥八路军、新四军。8 月 22 日，中共中央在陕北洛川召开政治局扩大会议。会议提出，中国共产党在军事上的战略是独立自主的山地游击战，在处理与国民党的关系上，要吸取大革命失败的教训，在统一战线中坚持独立自主原则，保持对国民党的高度警惕。11 月 12 日，毛泽东在《上海太原失陷以后抗日战争的形势和任务》文章中全面阐述了独立自主的原则。抗日民族统一战线形成以后，毛泽东在延安党的活动分子会议上强调：“一定要实行

① 中共中央文献研究室编. 毛泽东文集：第 2 卷［M］. 北京：人民出版社，1993：3.

‘统一战线中的独立自主’这个原则。”因为在抗日民族统一战线中有左、中、右三个集团，左翼集团是共产党率领的群众，中间集团是民族资产阶级和上层小资产阶级，右翼集团是大地主和大资产阶级。党的任务是扩大巩固左翼集团，争取中间集团，坚决反对大地主、大资产阶级右翼集团的民族投降主义。毛泽东针对右翼集团企图控制统一战线的图谋指出：“在一切统一战线工作中必须密切地联系到独立自主的原则。”“‘统一战线中的独立自主’这个原则的说明、实践和坚持，是把抗日民族革命战争引向胜利之途的中心一环。”① 这样做的目的主要是为了实现动员千百万群众加入抗日民族统一战线，打倒日本帝国主义。

1937 年 11 月，王明从苏联回国。他在党中央十二月会议上，就建立和巩固抗日民族统一

---

① 毛泽东．毛泽东选集：第 2 卷［M］．北京：人民出版社，1991：394.

战线方面系统提出右倾的主张和观点，批判党的独立自主原则，抹杀共产党与国民党在抗战中的原则分歧，轻视共产党领导的游击战争的作用和地位，企图依靠国民党、外国援助而求得速胜。为此，要求八路军、新四军统一于国民党军队，强调一切经过统一战线，一切服从统一战线；在军事上提出建立统一的国防军，统一指挥、统一编制、统一武装、统一纪律、统一待遇、统一作战计划、统一作战行动；在战略方针上反对独立自主的山地游击战，主张以运动战为主，配合以阵地战，辅之以游击战。这些主张等于放弃了无产阶级的领导权。中国共产党在毛泽东的正确领导下，批判了在统一战线问题上只讲联合、不讲斗争的错误言论和主张。

1938 年 9 月，中国共产党召开六届六中全会，对于党内存在的关于统一战线问题上的原则性分歧，毛泽东代表中央政治局做了《论新阶段》的政治报告和《统一战线中的独立自主问题》的会议总结，专门讲了统一战线中的领导权问题。他批判了“一切经过统一战线”的错误主张后说：我们一定不要破裂统一战线，但又决不可自己束缚自己的手脚。“一切服从统一战线”就是“一切服从”蒋介石、阎锡山，将抗日战争的领导权让给了国民党。因此，“我们的方针是统一战线中的独立自主，既统一，又独立”[①]。不仅有先奏后斩，还有先斩后奏，以及斩而不奏、不斩不奏等方式。他批判民族投降主义、阶级投降主义两种错误。这次会议基本上纠正了王明在抗日民族统一战线方面的错误。后来，周恩来在《论统一战线》的报告中，全面总结了党的统一战线的历史经验，在回顾王明主张的“七个统一”的错误观点时说，中国共产党在统一战线中应该坚持独立自主，

① 毛泽东. 毛泽东选集：第 2 卷［M］. 北京：人民出版社，1991：539-540.

独立自主是指无产阶级的独立性，有自己独立的政策、独立的思想。

这一时期，中国共产党人坚持抗日民族统一战线中的独立自主，注重将民族战争与阶级斗争相结合，科学处理统一与独立、团结与斗争的关系，提出了发展进步势力，争取中间势力，孤立顽固势力的主张；在国际共产主义运动中，提出了正确处理中国共产党与国际组织、兄弟党之间关系的重要标准；在世界反法西斯统一战线中，坚持自尊自信的民族立场，提出了正确处理国际关系，坚持独立自主地维护国家主权和民族利益，同时积极争取国际援助的主张。尤其是毛泽东先后发表了《中国革命和中国共产党》《论持久战》《新民主主义论》等一系列著作，特别是《新民主主义论》的文章，不仅深刻阐明了中国国情的基本特点，还科学分析了世界潮流和革命形势，并对中国革命的前景进行了预测，这是毛泽东独特的、崭新的理论创造。这充分表明，中国共产党的独立自主思想已经形成一个多层次的思想体系，为党独立自主地开展革命提供了有力的理论基础。

解放战争时期，中国共产党面临两个非常严峻的考验：一是在国际共产主义运动中曾经出现过的、用国内革命力量的妥协来求得国际上几个大国之间的妥协；另一个就是遭受美国和国民党政府的联合镇压。面对挑战，中国共产党的独立自主思想有了进一步发展。中国共产党人客观分析革命形势，排除来自国内外的一切干扰，独立自主地、坚决果断地作出自己的判断。

一方面，中国共产党从世界各民族掌握自己的命运的高度，阐述坚持独立自主的重大意义。明确提出，我们自己的命运完全由我们自己来掌握。国际上存在的妥协倾向，不能代表我们的意志和决心，各国人民应当按照不同情况开展不同的斗争，人民的民主势力对于反动势力，应该消灭的坚决消灭。为此，中国共产党作出了“将革命进行到底”的重大决策，以革命的两手对付反革命的两手。1949 年 4 月 21 日至 23 日，中国人民解放军以排山倒海之势渡过长江，一举占领南京，推翻了蒋介石的反动统治，给了“划江而治”论调以坚决回击。另一方面，中国共产党旗帜鲜明地指出，要把斗争放在自己力量的基点上，这就叫作自力更生，我们能依靠自己组织的力量，打败一切中外反动派。1949 年 6 月，毛泽东庄严宣告：“中国的事情必须由中国人民自己作主张，自己来处理，不容许任何帝国主义国家再有一丝一毫的干涉。”①

总之，在新民主主义革命时期，以毛泽东同志为主要代表的中国共产党人坚持独立自主

---

① 中华人民共和国外交部、中共中央文献研究室编. 毛泽东外交文选［M］. 北京：中央文献出版社、世界知识出版社，1994：90.

原则，顶住党内或“左”或右的各种错误，始终不渝地坚持从中国实际出发，以党和人民的利益为最高准则，在实践中认真总结党的成功经验和失败教训，逐渐形成了独立自主的思想，探索出了具有中国特色的农村包围城市、武装夺取政权的革命道路，取得了新民主主义革命的伟大成就。

三、独立自主思想的发展

中华人民共和国成立后，中国进入了社会主义革命和建设时期，当时面临的主要任务是，实现从新民主主义到社会主义的转变，进行社会主义革命，推进社会主义建设。为了完成这一历史任务，中国共产党继续奉行独立自主的方针，中国共产党独立自主思想得以继续发展。

1956 年 1 月 22 日，毛泽东在会见南斯拉夫新闻工作者代表团时指出："过渡时期这一套政策思想是马克思列宁主义的思想。原则上我们没有增加什么新的东西，不过在实施这些原则的形式上、细节上，有些新的东西，有些经验。"① 这些"新的东西"和"经验"主要体现在以下几个方面：一是在农业社会主义改造方面。相较于先实现工业化后推行农业集体化道路，中国要走农业合作化与社会主义工业化同时推进的道路，即社会革命和技术革命同时并举。同时，相较于苏联直接建立集体农庄的做法，中国农业合作化要走"逐步推进"的道路，采取从临时互助组到常年互助组，到初级农业生产合作社，再到高级农业生产合作社的过渡形式。二是在对资本主义工商业改造方面。与苏联采取没收方式不同的是，中国对资本主义工商业的社会主义改造应采用和平赎买方式，

① 中共中央文献研究室编. 毛泽东年谱（1949—1976）（2）[M]. 北京：中央文献出版社，2013：517.

具体包括对民族资本实行“利用、限制、改造”的政策，在经济上实行赎买政策，在实践中采取逐步前进的国家资本主义向社会主义转变的形式。

1956年社会主义改造基本完成，我国社会主义政治制度和基本经济制度都已确立，中国进入社会主义社会。为了实现国家富强、人民幸福这一任务，鉴于苏联模式的局限，中国共产党坚持政治上要独立自主，生产建设上要自力更生。毛泽东在《论十大关系》《关于正确处理人民内部矛盾的问题》《独立自主地搞建设》等文章中，强调指出要以苏联在社会主义建设中的错误为鉴戒，走中国工业化道路；向外国学习，我们的方针是一切民族、一切国家的长处都要学，政治、经济、科学、技术、文学、艺术的一切真正好的东西都要学。但是，“必须有分析有批判地学，不能盲目地学，不能一切照抄，机械搬用”①。

中国共产党明确了中国共产党领导的多党合作制的民主政治格局。毛泽东在《论十大关系》中指出：“究竟是一个党好，还是几个党好？现在看来，恐怕是几个好。不但过去如此，而且将来也是可以如此，就是长期共存，互相监督。”② 在社会主义经济建设方面，明确提出国内的主要矛盾已经是人民对于建立先进的工业国的要求同落后的农业国的现实之间的矛盾，已经是人民对于经济文化迅速发展的需要同当前经济文化不能满足人民需要的状况之间的矛盾。这一矛盾的实质，是在我国社会主义制度已经建立的情况下，先进的社会主义制度同落后的社会生产力之间的矛盾。在《关于正确处理人民内部矛盾的问题》一文中，毛泽东指出，

---

① 中共中央文献研究室编. 毛泽东文集：第 7 卷［M］. 北京：人民出版社，1999：41.

② 中共中央文献研究室编. 毛泽东文集：第 7 卷［M］. 北京：人民出版社，1999：34.

“我们的根本任务已经由解放生产力变为在新的生产关系下面保护和发展生产力”①，并在此基础上，进一步提出了中国社会主义现代化建设分两步走的构想。党的八大进一步提出了实现四个现代化的战略目标，即实现现代化的工业、现代化的农业、现代化的交通运输业和现代化的国防。在外交方面，坚持独立自主的根本准则。二战结束后，国际上逐渐形成了以美、苏两大强国相互对峙、以美国为首的资本主义与以苏联为首的社会主义两大阵营之间对抗的局面。在这一国际背景下，美国等西方国家对我国采取政治上孤立、经济上封锁、军事上包围的战略，为了维护国家安全，为社会主义建设营造更为有利的国际环境，中国提出了对社会主义国家“一边倒”的战略外交方针。需要指出的是，“一边倒”政策只是中国共产党基于国

---

① 中共中央文献研究室编. 毛泽东文集：第 7 卷［M］. 北京：人民出版社，1999：218.

家安全，在两大阵营对峙中的倾向性选择，在外交上仍秉承独立自主兼具灵活的外交策略。

四、独立自主思想的深化

1978 年 12 月，党的十一届三中全会召开，中国共产党重新恢复和确立解放思想、实事求是的思想路线。大会作出把全党的工作重点转移到社会主义现代化建设上来，实行改革开放的历史性决策。实现了新中国成立以来党的历史上具有深远意义的伟大转折，开启了改革开放和社会主义现代化建设新时期，进入了中国特色社会主义新时代，党的独立自主思想不断得到深化。

20 世纪 70 年代中后期，和平与发展成为两大时代主题。在这一背景下，各国开始独立自主地探索本国发展道路。苏联的解体，社会主义与资本主义国家之间的对峙状态逐渐被打破，世界朝着多极化格局演变，这些都为中国的发展带来了新的契机，同时也带来了新的挑战。身处世界大潮之中，中国共产党更加注重通过独立自主来推进理论创新。在社会主义现代化建设发展模式上，以邓小平同志为主要代表的中国共产党人指出，每个国家都有自己的情况，各自的历史文化传统不同，发展状况、发达程度不同，因此要从实际出发，像中国这样大的国家搞建设，不靠自己不行，主要靠自己。在党的十二大开幕词中邓小平进一步提出："把马克思主义的普遍真理同我国的具体实际结合起来，走自己的路，建设有中国特色的社会主义。"① "建设有中国特色的社会主义"这一重大崭新命题的提出，成为指引改革开放和社会主义现代化建设的伟大旗帜，是党的独立自主

---

① 邓小平. 邓小平文选：第3卷［M］. 北京：人民出版社，1993：3.

思想的进一步发展。

面对复杂的国内外形势，为了确保中国无产阶级和中国共产党的独立性和领导权，中国始终做到在坚持四项基本原则的前提下发展和完善中国特色社会主义。1979 年 3 月，邓小平在党的务虚会上首先提出和阐述了“坚持四项基本原则”的思想，同时强调了改革开放与社会主义建设之间的统一关系，指出在改革中坚持社会主义方向是一个很重要的问题，改革是社会主义制度的自我完善，改革总的目的要有利于巩固社会主义制度，有利于巩固党的领导，有利于在党的领导和社会主义制度下发展生产力。

党在探索中国特色社会主义建设事业中，力主“中国的事情要按照中国的情况来办”。1986 年，在谈到政治体制改革问题时，邓小平指出：“（我们）原来的政治体制都是从苏联模式来的。看来这个模式在苏联也不是很成功的。

即使在苏联是百分之百的成功，但是它能够符合中国的实际情况吗？”[①] 正是基于这一认识，邓小平创造性地提出了社会主义本质论和“三个有利于”的判断标准。并于1992年对社会主义本质作出了总结性的概括：社会主义的本质，是解放生产力，发展生产力，消灭剥削，消除两极分化，最终实现共同富裕。把解放生产力和发展生产力上升到社会主义本质的高度，大大深化了人们对社会主义本质的认识，是中国共产党坚持独立自主对社会主义本质再认识的最新成果，为我们自觉地坚持党的基本路线，提供了科学的理论根据。同时，坚持“中国的事情要依靠中国人自己的力量来办”。1982年5月，邓小平在一次会见外国元首的谈话中指出：“中国的经验第一条就是自力更生为主。”[②] 同

---

① 邓小平．邓小平文选：第3卷［M］．北京：人民出版社，1993：178.

② 邓小平．邓小平文选：第2卷［M］．北京：人民出版社，1993：406.

时指出：依靠自己的力量办事，并不是不要争取外援，而是要以自力更生为主，不是盲目排外。

党的十三届四中全会以后，以江泽民同志为主要代表的中国共产党人继承和发展了独立自主思想。面对经济全球化所带来的机遇和挑战，中国坚持走中国特色的社会主义发展道路，同时积极参与经济全球化，推动中国经济快速稳步发展。为有效防范经济全球化带来的诸多风险，以江泽民同志为主要代表的中国共产党人始终坚持独立自主，强调“必须把坚持独立自主同参与经济全球化结合起来”[①]，提出维护国家主权和经济安全、稳步推进经济发展等思想。随着社会主义市场经济的深入发展，中国的阶级状况和阶级关系发生了新的变化，为了确保党的工人阶级先锋队的性质，在回答“变”

---

① 中共中央文献研究室编. 十六大以来重要文献选编（上）[M]. 北京：中央文献出版社，2005：804.

与“不变”问题的基础上，形成了“三个代表”重要思想，成为推动我国社会主义自我完善和发展的强大理论武器。

党的十六大以来，以胡锦涛同志为主要代表的中国共产党人面对新形势新任务，在新的历史起点上坚持和发展了中国特色社会主义，继承和发展了独立自主思想，提出“善于根据国情进行自主创新”。党的十六大报告指出：必须始终坚持独立自主地探索中国社会主义建设的道路，善于根据国情进行自主创新，又积极借鉴国外有益经验，不断开拓和发展中国特色社会主义道路。针对改革开放后出现的自主创新能力不强、收入分配贫富差距拉大等诸多新问题、新矛盾，胡锦涛在 2003 年 7 月 28 日的讲话中对科学发展观作了阐述，明确指出把坚持以人为本和经济社会全面、协调、可持续发展统一起来，并强调按照“五个统筹”的要求推进改革和发展。随着改革开放的稳步推进，中国经济实现了持续高速增长，针对国际舆论出现的“中国威胁论”，中国提出了“和谐世界”主张：在尊重各国自主选择社会制度和发展道路的权利的基础上，“应该以平等开放的精神，维护文明的多样性，加强不同文明的对话和交流，协力构建各种文明兼容并蓄的和谐世界”①。“和谐世界”是对中国独立自主和平外交政策的继承与发展，表明中国将坚定不移走和平发展道路，顺应了和平、发展、合作的世界时代潮流。

党的十八大以来，中国特色社会主义进入新时代。党面临的主要任务是，实现第一个百年奋斗目标，开启实现第二个百年奋斗目标新征程，朝着实现中华民族伟大复兴的宏伟目标继续前进。以习近平同志为核心的党中央，围绕实现社会主义现代化和中华民族伟大复兴的总任务，深化和升华了独立自主思想。

---

① 中共中央文献研究室编. 十六大以来重要文献选编（中）[M]. 北京：中央文献出版社，2006：997.

习近平总书记明确指出："中国特色社会主义是社会主义，那就是不论怎么改革、怎么开放，我们都始终要坚持中国特色社会主义道路、中国特色社会主义理论体系、中国特色社会主义制度。"[①] 以独立自主为根本立足点，中国共产党致力于实现"两个百年"的奋斗目标，强调：实现中国梦"必须走中国道路""必须弘扬中国精神""必须凝聚中国力量"。以此为基础，以习近平同志为主要代表的中国共产党人提出了一系列治国理政的新理念、新思想、新战略，赋予了独立自主思想新的内涵。一是国家主权和领土完整不容侵犯、内政不容干涉。习近平总书记强调，两岸必须坚持一个中国的立场，坚决反对任何势力在任何时候、以任何形式分裂祖国，也坚决反对任何国家干涉中国的统一。二是深刻阐明了各国自主选择社会主

① 中共中央文献研究室编. 十八大以来重要文献选编（上）[M]. 北京：中央文献出版社，2014：110.

义制度的理论根据。每个国家独特的政治制度都是由这个国家的人民决定的，都是在这个国家历史传承、文化传统、经济社会发展的基础上长期发展、渐进改进、内生性演化的结果。三是阐明了中国特色社会主义政治制度的历史必然性和优越性。习近平总书记指出，“中国特色社会主义政治制度之所以行得通、有生命力、有效率，就是因为它是从中国的社会土壤中生长起来的”，“未来要继续茁壮成长，也必须深深扎根于中国的社会土壤”①。四是坚持和发展中国特色社会主义，必须始终坚定“四个自信”，即道路自信、理论自信、制度自信、文化自信。五是独立自主地推动我国经济社会发展、改善人民生活。习近平总书记指出，一个国家怎样发展，本国人民最有发言权，决不允许任何国家将他们的意志强加于我们。六是针对全球化

---

① 习近平．习近平谈治国理政：第二卷［M］．北京：外文出版社，2017：286-287.

日益加强的趋势，习近平总书记将独立自主与人类命运共同体思想有机统一起来。习近平总书记从中国与世界发展出发，指出世界的繁荣稳定有利于中国的发展，中国的繁荣稳定也有利于世界的发展，“我们要坚持从我国实际出发，坚定不移走自己的路，同时我们要树立世界眼光，更好把国内发展与对外开放统一起来，把中国发展与世界发展联系起来，把中国人民利益同各国人民共同利益结合起来”①。他重点强调了积极开展对外合作、倡导“一带一路”建设等理念和思想。

历史证明，一百年来，中国共产党在独立自主问题上孜孜以求，形成了丰富、完善、系统的独立自主思想，实现了马克思主义理论在独立自主方面的创新和发展，为中国共产党推动依靠中国自身的力量进行革命、建设、改革事业提供了理论支撑。

---

① 习近平. 习近平谈治国理政：第一卷［M］. 北京：外文出版社，2014：248.

第四章

独立自主
探索中国道路

习近平总书记指出：“我们党在革命、建设、改革各个历史时期，坚持从我国国情出发，探索并形成了符合中国实际的新民主主义革命道路、社会主义改造和社会主义建设道路、中国特色社会主义道路，这种独立自主的探索精神，这种坚持走自己路的坚定决心，是我们党不断从挫折中觉醒、不断从胜利走向胜利的真谛。”① 中国共产党自诞生以来，就在总结革命斗争经验的基础上，立足中国革命、建设、改革的具体实际，独立自主地探索符合国情民情的道路，不断进行理论创新和实践创新，带领中国人民走出了一条壮丽、宽广的中国道路。

---

① 中共中央关于党的百年奋斗重大成就和历史经验的决议辅导读本［M］. 北京：人民出版社，2021：414.

一、探索革命新道路

中国革命道路是近代以来中国人民为了争取民族独立、人民解放，摆脱半殖民地半封建社会的历史命运，实现国家富强、人民幸福而不断进行革命的道路。

1840年的鸦片战争，西方列强凭借坚船利炮打开了中国的大门，迫使腐败无能的清朝政府签订了一系列不平等的屈辱条约，中国逐步沦为了半殖民地半封建社会，国家蒙辱、人民蒙难、文明蒙尘，中华民族遭受了前所未有的劫难。为了拯救民族危亡，中国人民奋起反抗，仁人志士奔走呐喊，进行了可歌可泣的斗争。太平天国运动、洋务运动、戊戌变法、义和团运动接连而起，各种救国方案轮番出台，但都以失败告终。孙中山先生领导的辛亥革命虽然推翻了统治中国几千年的君主专制制度，建立了资产阶级民主共和国，但未能改变中国半殖民地半封建的社会性质和中国人民的悲惨命运。“无量头颅无量血，可怜购得假共和。”中国陷入北洋军阀的黑暗统治之中，军阀横行、帝国主义猖獗，民不聊生，国家四分五裂。事实说明，不触动封建根基的自强运动和改良主义，旧式的农民战争，资产阶级革命派领导的革命，照搬西方资本主义的其他种种方案，都不能完成中华民族救亡图存的民族使命和反帝反封建的历史任务。要解决中国发展进步问题，必须找到能够指导中国人民进行反帝反封建革命的先进理论，必须找到能够领导中国社会变革的先进社会力量。

十月革命一声炮响，给中国送来了马克思列宁主义，中国的先进知识分子从俄国的十月革命中看到了希望，从马克思列宁主义的科学真理中找到了解决中国问题的出路。十月革命发出的反对帝国主义的号召，使饱受帝国主义列强欺凌的中国人民感到“格外沉痛，格外严重，格外有意义”。1919年五四运动期间，爱国的知识青年发出了“外争主权，内除国贼”的怒吼，工人阶级以独立的姿态登上了政治舞台，促进了中华民族的伟大觉醒、促进了马克思主义同中国工人运动的结合，为中国共产党的成立做了思想上干部上的准备。中国共产党从成立之初起，就在总结中国农民革命和资产阶级革命失败的历史教训中，摸索和创新中国革命的新道路。

中国共产党对中国革命道路的探索也经历了一个艰难曲折的过程。中国共产党成立初期，坚持“以俄为师”，走城市暴动的革命道路。中共一大纲领就旗帜鲜明地把实现社会主义和共产主义作为自己的奋斗目标，并坚持用革命的手段实现这个目标。党的二大第一次提出了明确的反帝反封的民主革命纲领，并确认中国共产党是共产国际的一个支部。中共二大以后，中国共产党立即投入到反帝反封的民主革命斗争中，迅速掀起了工人运动的高潮。但是，很快在帝国主义和北洋军阀的镇压下失败了。“二七”惨案，给党留下了深刻的教训：一是无产阶级干革命不能单枪匹马，必须同农民、小资产阶级乃至资产阶级结成同盟；二是无产阶级不能赤手空拳，必须建立革命武装，以对抗反革命武装。于是，1923 年 6 月，中共三大决定共产党员以个人身份加入国民党，实现国共合作，推动国民革命。1924 年 1 月，国民党一大召开，大会确立了联俄、联共、扶助农工的三大革命政策，标志着第一次国共合作统一战线的正式形成。随着革命形势的迅猛发展，革命统一战线的内部矛盾也日益突出，为了解决统一战线的领导权问题，1925 年 1 月，党的四大明确提出，中国的民族革命运动，必须有最革命的无产阶级有力的参加，并且取得领导的地位，才能够取得胜利。1926 年 7 月，党的四届三中全会再次提出，无产阶级必须“与资产阶级争此革命运动的领导地位”[1]。党的四大还明确提出了建立工农联盟问题，指出中国革命需要工人、农民及城市中小资产阶级的普遍参加，其中农民受压迫最深，是工人阶级的同盟者。无产阶级及其政党如果不发动农民起来斗争，中国革命是不可能取得胜利的，必须尽可能地系统地鼓动并组织各地农民逐渐从事经济的和政治的争斗。对于农民问题，毛泽东的认识最为深刻。1925 年 12 月，毛泽东在《中国社会各阶级的分析》一文中，又提出了“谁是我们的敌人？谁是我们的朋友？”这个革命的首要问题，明确指出：“一切勾结帝国主义的军阀、官僚、买办阶级、大地主阶级以及附属于他们的一部分反动知识界，是我们的敌人。工业无产

① 中央档案馆编. 中共中央文件选编：第 2 册［Z］. 北京：中共中央党校出版社，1989：169.

阶级是我们革命的领导力量。一切半无产阶级、小资产阶级，是我们最接近的朋友。那动摇不定的中产阶级，其右翼可能是我们的敌人，其左翼可能是我们的朋友——但我们要时常提防他们，不要让他们扰乱了我们的阵线。”① 他在1926年9月发表的《国民革命与农民运动》一文中指出：农民问题乃国民革命的中心问题，农民不起来参加并拥护国民革命，国民革命不会成功，因为“经济落后之半殖民地的农村封建阶级，乃其国内统治阶级国外帝国主义之唯一坚实的基础，不动摇这个基础，便万万不能动摇这个基础的上层建筑”②。在《湖南农民运动考察报告》中，毛泽东更是盛赞农民运动“好得很”，指出在很短的时间内，将有几万万农民从中国中部、南部和北部各省起来，其势

---

① 毛泽东. 毛泽东选集：第1卷［M］. 北京：人民出版社，1991：9.

② 中共中央文献研究室编. 毛泽东文集：第1卷［M］. 北京：人民出版社，1993：37.

如暴风骤雨，迅猛异常，无论什么大的力量都将压抑不住。“他们将冲决一切束缚他们的罗网，朝着解放的路上迅跑。一切帝国主义、军阀、贪官污吏、土豪劣绅，都将被他们葬入坟墓。”①

由此可见，中国共产党在成立后的短短几年中，就在中国革命道路的探索上取得了重大的进展，已经开始从时代条件、革命对象、领导力量、革命动力、斗争目标等根本问题上，初步把新民主主义革命与旧的资产阶级民主革命作了区别，并就在中国特殊条件下如何走向社会主义提出了设想。这些成果对中国革命具有重要的指导意义。中国共产党一旦用科学的语言把中国人民深深感受到的帝国主义和封建势力压迫的事实揭示出来，就立即点燃了广大群众心中的强烈怒火，“打倒列强除军阀”的革

① 毛泽东. 毛泽东选集：第1卷［M］. 北京：人民出版社，1991：13.

命口号响彻神州大地，并立即动员起以工农为主体、联合小资产阶级和民族资产阶级组成的浩浩荡荡的革命大军，以武装斗争为手段，英勇无畏地向着敌人冲锋陷阵，使辛亥革命以来沉寂了多年的革命形势立即呈现出前所未有的新气象、新高潮。北伐军队仅仅用了半年的时间就占领了大半个中国，推进了革命发展的历史进程。这场大革命风暴推翻了北洋军阀的反动统治，沉重打击了帝国主义和封建主义，在中国革命史上写下了极为辉煌的篇章。

但是，由于当时中国共产党还处在幼年时期，党的主要领导人陈独秀坚持“二次革命”论，主动放弃了革命统一战线中的领导权。因此，当国民党反动派相继发动“四一二”“七一五”反革命政变时，党无力组织有效的反抗斗争，导致了轰轰烈烈的大革命运动的失败，无数优秀共产党员和工农群众惨遭杀害。

土地革命战争时期，党从残酷的现实中认

识到，没有革命的武装就无法战胜武装的反革命，就无法夺取中国革命的胜利，就无法改变中国人民和中华民族的命运，必须以武装的革命反对武装的反革命。南昌起义打响武装反抗国民党反动派的第一枪，标志着中国共产党独立领导革命战争、创建人民军队和武装夺取政权的开端。八七会议确定实行土地革命和武装起义的方针。党领导举行秋收起义、广州起义和其他许多地区的起义，但由于敌我力量悬殊，这些起义大多数失败了。事实证明，在当时的客观条件下，中国共产党人不可能像俄国十月革命那样通过首先占领中心城市来取得革命在全国的胜利，党迫切需要找到适合中国国情的革命道路。

从进攻大城市转为向农村进军，是中国革命具有决定意义的新起点。毛泽东在领导秋收起义的过程中，看到了在敌强我弱的情况下，强行地攻打大城市只能是自取灭亡，他在文家市毅然作出了转向敌人统治力量薄弱的农村的英明决定，创建了第一个农村革命根据地——井冈山根据地。在创建井冈山等革命根据地的过程中，中国共产党人开始认识到中国是一个农业大国，农民占了全国人口的 80% 以上，中国的工人阶级不如俄国的工人阶级那样势力强大，而城市又是帝国主义、封建主义和官僚资本主义统治势力强大的地区，因而要像俄国那样依靠城市暴动，武装夺取政权那是相当困难的。1928 年 10 月和 11 月，毛泽东写了《中国的红色政权为什么能够存在?》和《井冈山的斗争》两篇光辉著作，深刻分析了半殖民地半封建中国社会的特点，总结了井冈山和各地革命斗争的经验，第一次从理论上论证了中国红色政权发生、发展的原因和条件，创造性地提出了“工农武装割据”的思想。1930 年 1 月，毛泽东在《星星之火，可以燎原》这篇著作中，对井冈山革命根据地和其他革命根据地的经验作了新的理论概括，初步论证了中国革命必须走农村包围城市，最后夺取全国胜利的道路的思想。1930 年 5 月，毛泽东又在《反对本本主义》一文中进一步指出，必须坚持从斗争中创造新局面，要求党员干部必须从“本本主义”的束缚中解放出来。党在根据地内领导了土地革命，在所辖区域里改变了封建的土地所有制关系，实现了中国历史上从未真正实现过的耕者有其田。党还建立了苏维埃政权，在一定区域内实现了人民当家作主，显示出自己是中国人民长远利益和根本利益的代表者本色。井冈山革命根据地，为中国革命探索出了农村包围城市、武装夺取政权这样一条前人没有走过的正确道路。但这种思想最初并没有为共产党的中央高层所接受，瞿秋白的“左”倾盲动主义、李立三的“左”倾冒险主义、王明的“左”倾教条主义，都是沿袭俄国“城市暴动”的革命模式，这与苏联主导下的共产国际的指导有着密不可分的关系。尤其是王明的“左”倾教条主义，直接导致了第五次反“围剿”斗争的失败，断送了革命根据地的大好形势，迫使中共中央和红军离开根据地，被迫开始了二万五千里长征。

1935 年 1 月，中央政治局在长征途中举行遵义会议，事实上确立了毛泽东在党中央和红军的领导地位，开始确立以毛泽东为主要代表的马克思主义正确路线在党中央的领导地位。开始形成以毛泽东为核心的党的第一代中央领导集体，开启了党独立自主解决中国革命实际问题新阶段，在最危急关头挽救了党、挽救了红军、挽救了中国革命，并且在这以后使党能够战胜张国焘的分裂主义，胜利完成长征，中国共产党打开中国革命新局面。“长征的胜利，极大地促进了党在政治上和思想上的成熟。党进一步认识到，只有把马克思主义基本原理同中国革命具体实际结合起来，独立自主解决中国革命的重大问题，才能把革命事业引向胜利。”①

抗日战争时期是中国新民主主义革命时期最伟大、最生动、最丰富、最活跃的一个阶段。它为中国共产党提供了一个“海阔凭鱼跃，天高任鸟飞”的大的历史舞台。以毛泽东为核心的党中央，面对纷繁复杂、变化多端的国内外各种矛盾和各种政治力量的尖锐斗争，全面总结了中国革命的经验教训，创造性地形成了一条完整系统的具有鲜明中国特色的革命道路。

1935 年 12 月，毛泽东所作的《论反对帝国主义的策略》的报告，阐明了党的抗日民族统一战线的新政策，系统地说明了党的政治策略上的诸多问题。1936 年 12 月，他写的《中国革命战争的战略问题》，总结土地革命战争中党内在军事问题上的大争论，系统地说明了有关

① 本书编写组. 中国共产党简史［M］. 北京：人民出版社、中共党史出版社，2021：64.

中国革命战争战略方面的诸多问题。中共中央要求全党全军实行军事战略的根本性转变，即从内战时期集中兵力打运动战转变为分散兵力到敌后广阔的乡村组织发动大规模的抗日游击战争，并把游击战提高到具有战略意义的高度来认识。它为把农村包围城市，武装夺取政权的设想变为现实开辟了正确的道路。1937 年 7、8 月份，毛泽东先后写了《实践论》《矛盾论》这两部体现马克思主义中国化理论成果的重要哲学著作，从马克思主义认识论、辩证法的高度，深刻批判了党内长期存在的主观与客观相脱离、理论与实践相分离的主观唯心主义错误，尤其是教条主义错误，确立了一切从实际出发，理论与实际相结合、主观与客观相一致的实事求是的思想路线，形成了具有鲜明中国特色的马克思主义的哲学思想，从思想理论上武装了共产党人。

1939 年、1940 年之交，为了将丰富的中国革命经验系统化，阐明党的理论和纲领，回答中国向何处去的问题，以便更好地指导抗日战争和中国革命，毛泽东继发表《〈共产党人〉发刊词》之后，又接连发表《中国革命和中国共产党》《新民主主义论》等重要理论著作。

毛泽东对中国革命的性质进行了科学认识，划分了民主革命的阶段，明确了新民主主义革命的前途。进行什么性质的革命，是不以人哪怕是革命领导阶级的主观意志为转移的。正如周恩来所说，在根本上应以革命任务来决定革命性质，而不是以革命动力来决定革命性质。中国共产党成立后，面临的仍然是反帝反封建的革命任务，改变半殖民地半封建的社会性质。这就决定了中国革命必须分两步走，“第一步，改变这个半殖民地半封建社会的形态，使之变成一个独立的民主主义的社会。第二步，使革命向前发展，建立一个社会主义的社会”。而所谓民主主义，已不是旧范畴的民主主义，已不是旧民主主义，而是新范畴的民主主义，而是新民主主义。第一步虽然按其社会性质基本上依然还是资产阶级民主主义的，它的客观要求是为资本主义的发展扫清道路；然而这种革命已经不是旧的、被资产阶级领导的、以建立资本主义的社会和资产阶级专政的国家为目的的革命，而是新的、被无产阶级领导的、以在第一阶段上建立新民主主义的社会和建立各个革命阶级联合专政的国家为目的的革命。这种对革命性质的科学认识，为我党制定正确的路线、方针、政策提供了科学的判断，保证了中国革命沿着正确的道路发展。

毛泽东还阐明了中国共产党在新民主主义革命阶段的基本纲领，即在政治上，要建立无产阶级领导下的一切反帝反封建的人们联合专政的民主共和国，这就是新民主主义的共和国。在经济上，要没收操纵国计民生的大银行、大工业、大商业，建立国营经济；没收地主土地归农民所有，并引导农民发展合作经济；允许民族资本主义经济的发展和富农经济的存在。在文化上，是废除封建买办文化，发展民族的科学的大众的文化。

新民主主义理论的提出和系统阐述，是马克思主义中国化的重大理论成果，是毛泽东思想趋于成熟的重要标志。经过延安整风和制定《关于若干历史问题的决议》，全党达到了高度的统一和空前的团结。1945 年，党的七大正式确立毛泽东思想为党的指导思想。在毛泽东思想的正确指导下，中国共产党的力量在抗日战争时期获得了奇迹般的发展，到 1945 年抗战结束的时候，党已拥有了 19 个解放区，面积达到近 100 万平方公里，人口近 1 亿，人民军队发展到约 132 万人，民兵发展到 260 余万人。党也成为一个团结、统一、成熟，有 121 万党员的大党，并有了一个以毛泽东为核心的才华横溢、叱咤风云的领袖群体。正是这个领袖群体所导演的一幕幕精彩纷呈、威武雄壮的历史活剧，使中国共产党领导中国人民赢得了抗日战争的全面胜利。

抗日战争胜利以后，中国面临着向何处去的问题。是建立一个无产阶级领导的人民大众的新民主主义国家，还是建立一个大地主大资产阶级专政的半殖民地半封建的国家？国共两党的对峙与斗争，决定着中国的两种命运、两个前途。中国共产党通过总结人民解放战争的实践斗争经验，继续探索新民主主义革命道路。

1947 年 12 月，党中央在陕北米脂县杨家沟召开扩大会议（十二月会议），毛泽东在会上提交《目前形势和我们的任务》的书面报告。报告阐明党的最基本的政治纲领，即联合工农兵学商各被压迫阶级、各人民团体、各民主党派、各少数民族、各地华侨和其他爱国分子，组成民族统一战线，打倒蒋介石独裁政府，建立民主联合政府。报告指出：没收封建阶级的土地归农民所有，没收蒋介石、宋子文、孔祥熙、陈立夫为首的垄断资本归新民主主义的国家所有，保护民族工商业。这就是新民主主义革命的三大经济纲领。1948 年 4 月，毛泽东又在《晋绥干部会议上的讲话》中，对新民主主义革命的总路线和总政策作了新的明确概括："无产阶级领导的，人民大众的，反对帝国主义、封建主义和官僚资本主义的革命，这就是中国共产党在当前历史阶段的总路线和总政策。"① 为了保证总路线总政策的贯彻执行，党制定了一整套具体政策。例如：土地政策，工商业政策，城市政策，对地主、资产阶级、知识分子的政策，广泛的人民民主统一战线的政策，以及十大军事原则等。

随着辽沈、淮海、平津三大战役的顺利结束，夺取全国政权已成定局。1949 年 3 月，党

---

① 毛泽东. 毛泽东选集：第 4 卷［M］. 北京：人民出版社，1991：1316－1317.

在西柏坡召开了党的七届二中全会，明确了党的工作重心由乡村转移到城市的问题，指出从乡村包围城市的时期已经完结，从现在起开始了由城市到乡村并由城市领导乡村的时期。6月30日，为了向全国人民公开阐明中国共产党在建立新中国问题上的主张，毛泽东发表了《论人民民主专政》一文，明确提出了具有中国特色的“人民民主专政”这个概念，并对建立人民民主专政的历史必然性及这一理论的各个方面作了充分阐述。他指出：“工人阶级（经过共产党）领导的以工农联盟为基础的人民民主专政，是我们的基本经验，基本纲领。”① 这个政权，在人民内部实行民主，对反对派实行专政，这两个方面互相结合起来，就是人民民主专政。它的任务是使中国“稳步地由农业国进到工业国，由新民主主义社会进到社会主义社

① 毛泽东. 毛泽东选集：第4卷［M］. 北京：人民出版社，1991：1480.

会和共产主义社会”①。关于政体问题，人民民主专政国家应该采取民主集中制的各级人民代表大会制度，中央和地方各级政府，都应当由各级人民代表大会民主选举产生。中华人民共和国就是根据这一原则建立起来的。1949 年 10 月 1 日，中华人民共和国的成立，彻底结束了旧中国半殖民地半封建社会的历史，彻底结束了极少数剥削者统治广大劳动人民的历史，彻底结束了旧中国一盘散沙的局面，彻底废除了列强强加给中国的不平等条约和帝国主义在中国的一切特权，实现了中国从几千年封建专制政治向人民民主的伟大飞跃，也极大改变了世界政治格局，鼓舞了全世界被压迫民族和被压迫人民争取解放的斗争。它向世界庄严宣告，中国人民从此站起来了，中华民族任人宰割、

---

① 毛泽东. 毛泽东选集：第 4 卷［M］. 北京：人民出版社，1991：1476.

饱受欺凌的时代一去不复返了，中国发展从此开启了新纪元。

二、探索社会主义革命和建设道路

社会主义革命和建设时期，党面临的主要任务是，实现从新民主主义到社会主义的转变，进行社会主义革命，推进社会主义建设，为实现中华民族伟大复兴奠定根本政治前提和制度基础。

中华人民共和国成立以后，摆在全中国人民面前的急切任务，就是如何实现从新民主主义到社会主义的转变。毛泽东从我国的实际出发，创造性地运用马克思主义，在新民主主义理论的基础上，于1953年及时地提出了党在过渡时期的总路线：从中华人民共和国成立，到社会主义改造基本完成，这是一个过渡时期。

党在这个过渡时期的总路线和总任务，是要在一个相当长的时间内，逐步实现国家的社会主义工业化，并逐步实现国家对农业、手工业、资本主义工商业的社会主义改造（简称为“一化三改”）。在对农业的社会主义改造中，我们党创造了由临时互助组、常年互助组，到半社会主义性质的初级社，再到社会主义性质的高级社这样一种从小到大，从少到多，从低到高的逐步过渡方式。“这种由具有社会主义萌芽、到具有更多社会主义因素、到完全的社会主义的合作化的发展道路，就是我们党所指出的对农业逐步实现社会主义改造的道路”①。在实现农业合作化的过程中，我们党吸取了苏联农业集体化的经验教训，不仅采取了逐渐过渡的形式，而且实现了积极引导、稳步发展、自愿互利、典型示范、国家帮助的原则，整个改造过

---

① 中共中央党校党史教研室. 中共党史参考资料（八）[M]. 北京：人民出版社，1979：12.

程积极、稳妥、有效，避免了苏联在农业集体化过程中伤害农民利益和放逐、消灭富农，打击中农的错误，得到农民的支持和欢迎，调动了他们生产的积极性。对手工业的社会主义改造，也同农业的社会主义改造一样，坚持自愿、典型示范、国家援助等原则，采取由手工业生产小组到手工业供销合作社再到完全的社会主义手工业生产合作社等逐步过渡的方法，把手工业的个体所有制改造成集体所有制。对资本主义工商业的社会主义改造，我们党采取的是和平赎买政策，通过多种形式的国家资本主义来进行的。这就避免了苏联用暴力无偿没收资本家财产的做法，减少了资本家的对抗情绪，这也是我们党社会主义改造的一大创举。

虽然社会主义改造后期出现过要求过急、工作过粗、改变过快，以及在生产资料所有制形式和经济成分上过于简单划一等缺点，但社会主义改造作为一场前所未有的深刻的社会变革，是在保证经济发展、社会稳定、人民群众拥护的情况下完成的，其成就和影响是伟大而深远的。正如《关于建国以来党的若干历史问题的决议》所说："在一个几亿人口的大国中比较顺利地实现了如此复杂、困难和深刻的社会变革，促进了工农业和整个国民经济的发展，这的确是伟大的历史性胜利。"①

社会主义改造的成功，为中国社会主义制度的建立奠定了坚实的基础。但如何建设社会主义，对刚刚夺得政权的中国共产党人来说，仍是一个崭新的课题。毛泽东在运用马克思主义解决中国革命问题过程中已经获得了一种经验性的认识，这就是解决中国问题，必须从中国实际出发，走自己的路，不能照搬外国经验。所以面对新中国成立初期在没有任何建设经验的情况下不得不照搬照抄苏联的一些做法，中

---

① 关于若干历史问题的决议．关于建国以来党的若干历史问题的决议［M］．北京：中共党史出版社，2021：70.

国社会主义建设积累了一些经验后，毛泽东独立探索社会主义建设道路的心情就更为迫切。他多次强调要“以苏为鉴”，不能再走别人走过的弯路，“我们要根据马克思主义普遍真理，结合本国的具体情况来办事”①。1956 年，社会主义改造完成与社会主义基本制度确立之后，中国共产党在学习借鉴苏联经验的同时，开始根据中国的实际，独立自主地探索在中国建设社会主义的道路。1956 年 4 月，毛泽东发表题为《论十大关系》的报告。《论十大关系》开篇就提出：“特别值得注意的是，最近苏联方面暴露了他们在建设社会主义过程中的一些缺点和错误，他们走过的弯路，你还想走？过去我们就是鉴于他们的经验教训，少走了一些弯路，现在当然更要引以为戒。”② 毛泽东进而论述了如

---

① 中共中央文献研究室编. 毛泽东文集：第 7 卷［M］. 北京：人民出版社，1999：178.

② 中共中央文献研究室编. 毛泽东文集：第 7 卷［M］. 北京：人民出版社，1999：23.

何处理关系国计民生和社会发展的十大关系，即重工业和轻工业、农业的关系；沿海工业和内地工业的关系；经济建设和国防建设的关系；国家、生产单位和生产者个人的关系；中央和地方的关系；汉族和少数民族的关系；党和非党的关系；革命和反革命的关系；是非关系；中国和外国的关系。在初步总结中国社会主义经济建设和借鉴苏联经验的基础上，毛泽东提出了若干新的方针，试图开辟一条与苏联有所不同的工业化道路。1960 年 6 月，毛泽东在《十年总结》的一开头就写道，“前八年照抄外国的经验，但从 1956 年提出十大关系起，开始找到自己的一条适合中国的路线”，《论十大关系》“开始反映中国客观经济规律”①。邓小平也曾提到，《论十大关系》“这篇东西太重要了，对当前和以后，都有很大的针对性和理论

① 关志钢等. 社会主义建设道路的十年探索［M］. 北京：中国社会科学出版社，2003：47.

指导意义，对国际的作用也大”①。这充分肯定了其对社会主义建设道路探索的开创性作用。

1956年9月召开的党的第八次全国代表大会，是探索我国社会主义建设道路的重要里程碑。大会实事求是地总结了社会主义改造和第一个五年计划成功的经验和工作中的缺点错误。并且根据阶级关系的新变化，及时地作出结论，党和全国人民的主要任务是集中力量发展社会生产力。大会肯定了陈云提出的“三个主体、三个补充”思想，即以国家经营和集体经营、计划生产、国家市场三者为主体，而以个体经营、自由生产、自由市场三者作为补充。这是在理论上突破苏联计划经济模式，探索经济体制改革的重要尝试。

1957年2月，毛泽东又发表了《关于正确

---

① 关于建国以来党的若干历史问题的决议注释本［M］. 北京：人民出版社，1986：245.

处理人民内部矛盾的问题》，指出社会主义社会的基本矛盾仍然是生产力与生产关系、经济基础与上层建筑之间的矛盾。社会主义社会还存在着敌我矛盾和人民内部矛盾两类性质根本不同的矛盾。敌我矛盾是对抗性的矛盾，要用专政的方法去解决；人民内部矛盾是非对抗性的矛盾，要用民主的方法，即“团结—批评—团结”的方法去解决。他把正确处理人民内部矛盾提升到国家政治生活主题的高度，以便团结全国各族人民向自然界开战，发展我们的经济和文化。1958 年初，又提出把党和国家工作的重点转到技术革命和社会主义建设上来。这是“八大”路线的继续发展。

由此可见，从社会主义改造基本完成到 1957 年反右派斗争扩大化之前，是中国共产党对建设社会主义道路的正确探索期。在此期间，以毛泽东同志为主要代表的中国共产党人对中国社会主义建设道路进行了全方位的探索，提出了许多有创建性的理论观点。除严格区分和正确处理敌我矛盾和人民内部矛盾，正确处理我国社会主义建设的十大关系，走出一条适合我国国情的工业化道路，尊重价值规律，在党与民主党派的关系上实行“长期共存、互相监督”的方针，在科学文化工作中实行“百花齐放、百家争鸣”的方针等外，还指明社会主义阶段的中心任务是建设，要大力发展社会生产力，并提出建设强大的社会主义国家需要很长的时间。他说：“中国的人口多、底子薄，经济落后，要使生产力很大地发展起来，要赶上和超过世界上最先进的资本主义国家，没有一百多年的时间，我看是不行的。”① 他还指出社会主义和共产主义都将经历许多不同的发展阶段，并明确地把社会主义划分为“不发达的”和“比较发达的”两个阶段。明确提出，要通过生

① 毛泽东著作选读：下册［M］．北京：人民出版社，1982：828．

产力发展和人民富裕程度的定量考察来研究社会主义的阶段特征问题。他据此认为："社会主义这个阶段，又可能分为两个阶段，第一个阶段是不发达的社会主义，第二个阶段是比较发达的社会主义。后一阶段可能比前一阶段需要更长的时间。经过后一阶段，到了物质产品、精神财富都极为丰富和人们的共产主义觉悟极大提高的时候，就可以进入共产主义社会了。"① 这些独创性理论成果至今仍有重要指导意义。

遗憾的是，党的八大形成的正确路线未能完全坚持下去，先后出现"大跃进"运动、人民公社化运动等错误，反右派斗争也被严重扩大化。虽然毛泽东在经济建设中根据生产力发展的实际状况，提出过将中国社会主义建设分为两个阶段（即"建成社会主义社会"，要求

---

① 中共中央文献研究室编. 毛泽东文集：第 8 卷 [M]. 北京：人民出版社，1999：116.

工业化的“基本实现”和建成“强大的高度社会主义工业化的国家”，要求实现高度工业化）的正确理论；提出过以农业为基础，以工业为主导，以及艰苦奋斗、勤俭建国的方针；提出了社会主义要保留商品货币，要发挥它们在商品生产和商品流通中的作用的观点。但由于“左”倾思想占支配地位，不仅政治上导致了阶级斗争的扩大化，而且在经济建设上掀起了对“反冒进”的批判和“大跃进”及人民公社化运动。过多地宣传高指标、高速度以及以钢为纲，人为地夸大了主观能动性的作用，严重地违背了生产力决定生产关系的客观规律，过早地提出了“超英赶美”的口号，导致了欲速则不达的严重后果，在社会主义建设道路的探索上出现了严重曲折。

“文化大革命”时期，毛泽东在关于社会主义社会阶级斗争的理论和实践上的错误发展得越来越严重，党中央未能及时纠正这些错误，随之形成了所谓“无产阶级专政下继续革命”的理论，林彪、江青两个反革命集团利用毛泽东的错误，酿成十年内乱，使党、国家、人民遭到新中国成立以来最严重的挫折和损失，教训极其惨痛。1976 年 10 月，中央政治局执行党和人民的意志，毅然粉碎了“四人帮”，结束了“文化大革命”这场灾难。

从新中国成立到改革开放前夕，党领导人民完成社会主义革命和建设，消灭一切剥削制度，实现了中华民族有史以来最为广泛而深刻的社会变革，实现了一穷二白、人口众多的东方大国大步迈进社会主义社会的伟大飞跃。在探索过程中，虽然经历了严重曲折，但党在社会主义革命和建设中取得的独创性理论成果和巨大成就，为在新的历史时期开创中国特色社会主义提供了宝贵经验、理论准备、物质基础。

三、开创捍卫坚持发展中国特色社会主义道路

改革开放和社会主义现代化建设新时期，党面临的主要任务是，继续探索中国建设社会主义的正确道路，解放和发展社会生产力，使人民摆脱贫困、尽快富裕起来，为实现中华民族伟大复兴提供充满新的活力的体制保证和快速发展的物质条件。

改革开放后，中国共产党在总结中国社会主义建设的经验教训中，不断解放思想，锐意进取，独立自主，开拓创新，逐渐走出了一条中国特色社会主义道路。

一是实事求是地回答中国面临的实际问题，创新党的指导思想。中国共产党注重把马克思主义的基本原理与中国具体实践相结合。粉碎

“四人帮”后，中国共产党人开始反思中国社会主义建设道路的经验教训，围绕如何用社会主义发展中国的问题进行深度思考，在走什么路，如何走的问题上有两点清醒的认识：第一，老路邪路不能走，要走出一条新路来；第二，老祖宗不能丢，还要讲新话。邓小平理论作为马克思列宁主义同当代中国实践和时代特征相结合的产物，作为毛泽东思想的继承和发展，“没有丢马克思，没有丢列宁，也没有丢毛泽东”[①]。但它又不拘泥于成规，在新的实践上开拓了马克思主义的新境界。邓小平从“什么是社会主义、怎样建设社会主义”这一基本命题出发，系统探索中国社会主义道路的发展问题。在社会主义发展道路上，他强调走自己的路，解放思想，实事求是，不把书本当教条，不照搬外国模式，走中国式的现代化发展道路，建设中

① 邓小平. 邓小平文选：第3卷［M］. 北京：人民出版社，1993：369.

国特色的社会主义。进一步实现了马克思主义与中国社会主义建设实践相结合的理论飞跃，即邓小平理论。根据党的十四大报告的概括，中宣部在《邓小平同志建设有中国特色社会主义理论学习纲要》中强调：邓小平理论贯彻解放思想、实事求是的思想路线，围绕什么是社会主义、怎样建设社会主义这个首要的基本理论问题，在社会主义发展道路、发展阶段、根本任务、发展动力、外部条件、政治保证、战略步骤、领导力量和依靠力量、祖国统一等重大问题上，形成一系列相互联系的观点，形成了这一理论的科学体系。邓小平理论的形成，是中国特色社会主义道路成功开创的重要标志，同时也为中国特色社会主义道路奠定了坚实的理论基础。以江泽民同志为主要代表的中国共产党人在邓小平理论的基础上，进一步探索了中国特色社会主义建设道路的领导力量——中国共产党的建设问题，围绕什么是社会主义、怎样建设社会主义和建设什么样的党、怎样建设党的新命题，创造性地形成了“三个代表”重要思想。面对各种风险挑战，坚定不移捍卫中国特色社会主义，成功将中国特色社会主义推向二十一世纪。以胡锦涛同志为主要代表的中国共产党人继续发扬创新精神，在探索有中国特色社会主义建设道路的历程中，围绕实现什么样的发展、怎样发展的问题，提出了科学发展观的重要战略思想，进一步完善了中国特色的社会主义理论，根据新的发展要求，成功地在新形势下坚持和发展了中国特色社会主义。党的十八大以来，习近平同志对关系新时代党和国家事业发展的一系列重大理论和实践问题进行了深邃思考和科学判断，就新时代坚持和发展什么样的中国特色社会主义、怎样坚持和发展中国特色社会主义，建设什么样的社会主义现代化强国、怎样建设社会主义现代化强国，建设什么样的长期执政的马克思主义政党、怎样建设长期执政的马克思主义政党等重大时代课题，提出一系列原创性的治国理政新理念新思想新战略，是习近平新时代中国特色社会主义思想的主要创立者。习近平新时代中国特色社会主义思想是当代中国马克思主义、二十一世纪马克思主义，是中华文化和中国精神的时代精华，实现了马克思主义中国化新的飞跃。党确立习近平同志党中央的核心、全党的核心地位，确立习近平新时代中国特色社会主义思想的指导地位，反映了全党全军全国各族人民共同心愿，对新时代党和国家事业发展、对推进中华民族伟大复兴历史进程具有决定性意义。以上这些理论成果的相继形成，体现了中国特色社会主义道路是一个逐步深化的过程，也是一个不断开拓创新的过程。指导思想的创新，为中国特色社会主义建设道路指明了前进的方向。

二是紧紧围绕发展这根主线，创新中国特

色社会主义道路的内涵。改革开放后，中国共产党在总结社会主义建设经验的基础上，抛弃了以阶级斗争为纲的旧的思维模式，确立了以经济建设为中心的新的发展思路，紧紧围绕发展做文章，创新体制机制，激发社会活力。邓小平提出了发展是硬道理，社会主义的根本任务就是发展社会生产力；江泽民进而提出了发展是党执政兴国的第一要务；胡锦涛在党的十六届三中全会上第一次明确提出了“科学发展观”的概念，强调“坚持以人为本，树立全面、协调、可持续的发展观，促进经济社会和人的全面发展”①。中国共产党人把发展作为中国特色社会主义建设道路的中心任务，围绕这一主线，先后创造性地提出了建设中国特色社会主义的基本路线、基本纲领和基本经验，丰富和完善了中国特色社会主义道路的内涵。中

---

① 中共中央关于完善社会主义市场经济体制若干问题的决定［M］. 北京：人民出版社，2003：13.

国特色社会主义道路，包括中国特色社会主义经济、政治、文化、社会等方面的建设进程和有机统一。中国特色社会主义经济，以发展社会主义市场经济为导向，以解放和发展生产力为动力，坚持公有制为主体，多种所有制经济共同发展的基本经济制度。这一经济制度为生产力的解放和发展提供了有利的制度条件，从本质上代表着先进生产力的发展要求，具有旺盛的生命力和广阔的发展空间。中国特色社会主义政治，就是发展社会主义民主政治，建设社会主义政治文明，坚持党的领导、人民当家作主和依法治国的有机统一。这一政治制度可以从根本上调动人民群众的积极性，消除资本主义民主的阶级局限性和狭隘性，使社会机体充满生机和活力。中国特色社会主义文化，就是坚持马克思主义为指导，发展面向现代化、面向世界、面向未来，民族的科学的大众的文化。这一文化制度对于繁荣我国社会主义文化，形成生动活泼的文化局面，创新文化方式，挖掘文化潜力，提高国家的软实力有着极为重要的作用。中国特色社会主义社会，就是坚持以人为本，建立民主法治、公平正义、诚信友爱、充满活力、安定有序、人与自然和谐相处的美好社会。这一社会制度，可以消除资本主义制度下贫富不均和人的畸形发展现象，使社会全面发展建立在人的内在活力基础之上，在建设物质文明的同时，不断向政治文明、精神文明、社会和谐以及生态文明协调发展的目标迈进。

以习近平同志为核心的党中央，提出坚持和发展中国特色社会主义，总任务是实现社会主义现代化和中华民族伟大复兴，在全面建成小康社会的基础上，分两步走，在本世纪中叶建成富强民主文明和谐美丽的社会主义现代化强国，以中国式现代化推进中华民族伟大复兴；提出新时代我国社会主要矛盾是人民日益增长的美好生活需要和不平衡不充分的发展之间的矛盾，必须坚持以人民为中心的发展思想；提出中国特色社会主义事业总体布局是经济建设、政治建设、文化建设、社会建设、生态文明建设五位一体，战略布局是全面建设社会主义现代化国家、全面深化改革、全面依法治国、全面从严治党四个全面；提出必须坚持和完善社会主义基本经济制度，使市场在资源配置中起决定性作用，更好发挥政府作用，把握新发展阶段，贯彻创新、协调、绿色、开放、共享的新发展理念，加快构建以国内大循环为主体、国内国际双循环相互促进的新发展格局，推动高质量发展，统筹发展和安全。紧紧围绕发展这根主线作文章，我国深入推进供给侧结构性改革，坚定实施科教兴国、创新驱动发展、区域协调发展等重大战略，打好防范化解重大风险、精准脱贫、污染防治攻坚战，在中华大地上全面建成了小康社会，历史性地解决了绝对贫困问题，书写了人类发展史上的伟大奇迹。

经济总量实现新飞跃，国内生产总值突破 100 万亿元，我国稳居世界第二大经济体，中华民族迎来了从站起来、富起来到强起来的伟大飞跃。

三是以改革开放为手段，走自己的路，不照搬照抄别国的模式和经验，创新发展模式。改革开放是我们党建设中国特色社会主义道路的重要决策，是推动中国经济发展走出困境，迈上经济腾飞快车道的活力源泉。通过改革开放不断激发社会发展进步的活力，是中国特色社会主义道路创新性的重要体现。中国的改革是全面的，它所带来的最根本性的变革，就是使社会主义摆脱了计划经济的束缚，与市场经济实现了有效的结合；中国的开放是全方位的，它所带来的最重要变化，就是使中国的发展摆脱了封闭和半封闭状态，与世界经济紧密地联系在一起，走出了孤芳自赏，唯我独美的阴影。把社会主义与市场经济结合在一起，是中国特色社会主义道路的一个伟大创举；把中国发展与世界发展紧密联系在一起，是中国特色社会主义道路的一个鲜明特色。有了与市场经济的有机结合，有了与世界发展的紧密联系，中国特色社会主义道路得以全面贯通，展现出了前所未有的生机和活力。因此，党特别强调，要使中国特色社会主义道路不停顿、不倒退，就必须坚持改革开放不动摇。中国特色社会主义道路任务艰巨，情况复杂，矛盾多样，没有现成的模式可循。社会主义是普世的，也是人类社会发展的必然趋势；现代化是世界的，也是人类社会的必然走向。但由于各个国家的历史条件不同，走向社会主义和现代化的道路也不可能完全一样，没有一种完全适合于世界各国具有普世意义的发展模式和道路。走自己的路，坚持独立自主，这是我们党在革命时就有的一种创新精神，在中国特色社会主义道路开创过程中，这一创新精神得到了充分的继承和发扬。

邓小平指出，中国走自己的路，建设有中国特色的社会主义，就是独立自主的充分体现。在当今世界，有不同的发展道路，它们也都各有自己的特点和经验。“我们充分尊重其他国家选择的发展道路，绝不会把自己的意志强加于人，也决不允许任何人把他们的意志强加于中国人民。”① 我们的经济社会发展和社会制度建设，肯定需要学习和借鉴外国的经验，但决不能照搬照抄，必须从中国的国情出发，取长补短，走出一条适合自身发展需要的新路。历史经验已经使中国共产党人十分清楚地认识到，无论是搞革命还是搞建设，“照抄照搬别国经验、别国模式，从来不能得到成功”②。习近平总书记深刻指出：“人类历史上，没有一个民族、没有一个国家可以通过依赖外部力量、跟在他人后

---

① 中共中央文献研究室编. 十六大以来重要文献选编（上）［M］. 北京：中央文献出版社，2005：648.

② 邓小平. 邓小平文选：第3卷［M］. 北京：人民出版社，1993：2.

面亦步亦趋实现强大和振兴。那样做的结果，不是必然遭遇失败，就是必然成为他人附庸。”① 我国是一个有悠久历史、有独立文明、有最多人口的东方大国，要在这样的大国建设社会主义，实现现代化，在人类历史上没有先例可循，必须走中国式现代化道路、中国特色社会主义道路。习近平总书记强调指出：“独特的文化传统，独特的历史命运，独特的基本国情，注定了我们必然要走适合自己特点的发展道路。”②

四是勇于突破陈规，大胆追赶世界潮流，与时俱进，创新发展经验。中国作为一个后发外生型现代化国家，中国的现代化必须借鉴世界上最先进的经验，吸收世界最新的科技成果，走超常规的发展道路。中国特色社会主义道路

---

① 习近平. 论中国共产党历史［M］. 北京：中央文献出版社，2021：64.

② 习近平. 胸怀大局把握大势着眼大事努力把宣传思想工作做得更好［N］. 人民日报，2013-8-21（1）.

的开创及其创新，都是以不断解放思想为先导，以突破陈规为前提。没有解放思想，突破陈规的勇气，中国共产党就不可能开创出中国特色的社会主义道路，也不可能有制度和体制上的不断创新。“实践没有止境，解放思想也没有止境。我们要突破前人，后人也必然要突破我们。这是社会前进的基本规律。”① 无论是现在还是将来，还有许多重大课题需要作进一步探索，我们既不能把书本上的个别论断当作束缚自己思想和手脚的教条，也不能把实践中已见成效的东西看成完美无缺的模式。只有不断解放思想，勇于创新，破除那些不适应形势发展，不符合人民要求的观念、做法和体制，中国特色社会主义发展道路才会畅通无阻、兴旺发达。当今的世界，是一个日新月异的时代，也是一个知识大爆炸的时代，现代科技引领着世界发

① 江泽民. 江泽民文选：第 3 卷 [M]. 北京：人民出版社，2006：339.

展的大潮，一个国家如果不能追赶世界的发展潮流，真心实意地学习别国的长处，创造性地吸收世界最先进的科技知识，结合本国的实际，充分挖掘本国的智力资源，那么就会永远落伍，就无法创造经济发展的奇迹。中国共产党正是在总结历史经验的基础上，看到了创新对一个民族发展的重要。面对世界多极化趋势的不断增强，各种文化的相互激荡，科技革命的日新月异，中国共产党要求自己要始终站在时代发展的前列，保持与时俱进的精神状态，研究新问题，解决新难题，创造新经验，使党的全部理论和实践体现时代性，反映规律性，富有创造性。中国特色社会主义道路任重道远，面对的挑战千奇百怪，遇到的困难难以想象，只有发扬与时俱进的创新精神，才能克服前进道路上的艰难险阻，才能创造美好的明天。“实践发展永无止境，认识真理永无止境，理论创新永无止境。”[①] 党历来坚持独立自主开拓前进道路，坚持把国家和民族发展放在自己力量的基点上，坚持中国的事情必须由中国人民自己作主张、自己来处理，不信邪、不怕压，把中国发展进步的命运始终牢牢掌握在自己手中，以创新引领拓宽发展道路。习近平总书记指出：“当代中国的伟大社会变革，不是简单延续我国历史文化的母版，不是简单套用马克思主义经典作家设想的模板，不是其他国家社会主义实践的再版，也不是国外现代化发展的翻版。只要我们勇于结合新的实践不断推进理论创新、善于用新的理论指导新的实践，就一定能够让马克思主义在中国大地上展现出更强大、更有说服力的真理力量。”[②] 创新是建设中国特色社会主义道路的不竭动力。

---

① 胡锦涛. 在庆祝中国共产党成立 90 周年大会上的讲话［N］. 光明日报，2011-7-2（2）.

② 中共中央关于党的百年奋斗重大成就和历史经验的决议辅导读本［M］. 北京：人民出版社，2021：76.

中国特色社会主义道路是创造人民美好生活、实现中华民族伟大复兴的康庄大道。找到这条道路并不容易，坚守这条道路更要充满自信。我们走自己的路具有无比广阔的舞台，具有无比深厚的历史底蕴，具有无比强大的前进动力。中国人民应该有这个信心，每一个中国人都应该有这个信心。只要我们既不走封闭僵化的老路，也不走改旗易帜的邪路，坚定不移走中国特色社会主义道路，就一定能够把我国建设成为富强民主文明和谐美丽的社会主义现代化强国。

第五章

独立自主 实施战略策略

一个国家，一个民族，要实现自己的发展目标，只有坚定独立自主实施战略策略，才能砥砺奋进行稳致远。中国共产党百年奋斗历程已经证明并将继续证明：独立自主实施战略策略是中国共产党成功带领中华民族实现站起来、富起来、强起来的重要经验，也是兴党兴国、强党强国的重要原则。

一、独立自主开展理论探索

2021 年 7 月 1 日，习近平总书记在庆祝中国共产党成立 100 周年大会上的讲话中强调："中国共产党坚持马克思主义基本原理，坚持实事求是，从中国实际出发，洞察时代大势，把握历史主动，进行艰辛探索，不断推进马克思主义中国化时代化。”① 纵观中国共产党的百年征程，党以巨大的政治智慧成功掌握并运用了独立自主这一重要思想原则，不断进行理论探索，创立了毛泽东思想，形成了中国特色社会主义理论体系，创立了习近平新时代中国特色社会主义思想，持续为中国革命、建设和改革提供行动指南，推动中国革命、建设和改革接续取得成功。

1840 年鸦片战争以后，为了拯救民族危亡，中国人民奋起反抗，仁人志士奔走呐喊，进行了可歌可泣的斗争。太平天国运动、洋务运动、戊戌变法、义和团运动、辛亥革命接连而起，君主立宪、总统制、教育救国、实业救国等各种方案轮番出台，但都以失败告终。孙

① 习近平. 在庆祝中国共产党成立 100 周年大会上的讲话［M］. 北京：人民出版社，2021：12.

中山先生领导的辛亥革命，以民族、民权、民生理论为指引推翻了统治中国几千年的君主专制制度，但未能改变中国半殖民地半封建社会的性质和中国人民的悲惨命运。中国迫切需要新的思想引领救亡运动，迫切需要新的组织凝聚革命力量。

十月革命一声炮响，给中国送来了马克思列宁主义。五四运动促进了马克思主义在中国的传播。在中国人民和中华民族的伟大觉醒中，在马克思列宁主义同中国工人运动的紧密结合中，1921 年 7 月中国共产党应运而生。中国产生了共产党，这是开天辟地的大事变，中国革命的面貌从此焕然一新。由于共产国际与中国共产党是领导与被领导关系，党在相当长的一段时间都未能真正独立自主地领导革命，一度简单运用马克思列宁主义关于无产阶级革命的一般原理和俄国十月革命城市武装起义的经验，中国革命在 1927 年遭受挫折。大革命失败后，处于幼年时期的中国共产党不善于将马克思主义基本原理同中国革命具体实际结合起来，缺乏应对复杂环境的政治经验，在以武装的革命反对武装的反革命中走的是城市暴动革命道路，把斗争重心放在城市，而非建立农村革命根据地以保存和发展壮大弱小的革命力量，只会给中国革命事业带来更大的挫折和牺牲。最终，党领导下的军队攻打大城市却多以失败告终。事实证明，在当时的客观条件下，中国共产党人不可能像俄国十月革命那样通过首先占领中心城市来取得革命在全国的胜利，党迫切需要找到适合中国国情的革命道路。毛泽东是党内第一批觉醒者的代表，他认识到，面对中国的特殊国情，中国革命必须从中国实际出发，不能以教条主义的观点对待马克思列宁主义。对此，毛泽东旗帜鲜明地指出，十月革命式的先在大城市发起武装暴动并占领城市、后解放农村的革命步骤在中国是行不通的，同时高度评价了红军、游击队和红色政权在中国革命中的地位。

土地革命战争时期，以毛泽东同志为主要代表的中国共产党人开始独立自主地解决中国革命遇到的诸多问题，提出了工农武装割据思想，对中国革命发挥了关键作用，农村革命根据地以星火燎原之势发展起来，独立自主建设了新型人民军队，明确了人民军队的性质——为了人民而作战，创造性地解决了缔造一个在党的绝对领导下的人民武装力量的重大问题。1935 年 1 月 15 日至 17 日，中央政治局在长征途中举行遵义会议，事实上确立了毛泽东同志在党中央和红军的领导地位，开始确立以毛泽东同志为主要代表的马克思主义正确路线在党中央的领导地位，开启了党独立自主解决中国革命实际问题新阶段，在最危急关头挽救了党、挽救了红军、挽救了中国革命。

抗日战争时期，中国共产党人提出坚持抗

日民族统一战线中的独立自主，发展进步势力，争取中间势力，孤立顽固势力，确立了正确处理民族斗争和阶级斗争，国内阶级与阶级、政党与政党之间关系的主要原则，把独立自主思想贯穿于经济、政治、军事、文化等领域。同时，从中国国情出发创造性地提出了新民主主义理论，明确指出新民主主义革命的前途并不是建立资本主义共和国，而是建立新民主主义社会，同时立足中国革命实际，建立一个以全国大多数人民为基础的工人阶级领导的统一战线的国家制度，即新民主主义国家制度。在政治上，推翻帝国主义和封建主义的压迫，建立一个在无产阶级领导下，联合一切民主阶级统一战线的政治制度；在经济上，要没收帝国主义和官僚买办大银行、大工业、大商业，归于这个共和国的国家所有，建立国营经济，没收地主的土地，实行耕者有其田，发展“有益于国计民生的私人资本主义经济”和富农经济，以此消灭旧的经济制度，建立以国营经济为主体的新民主主义经济体制；在文化上，发展无产阶级领导的，民族的、科学的、大众的文化。新民主主义理论是中国共产党人独立自主探索的一条通过建立、建设新民主主义国家和社会，进行现代化建设的现实道路。

1945 年，党的七大第一次明确把毛泽东思想确立为全党的指导思想，并庄严地写入党章。刘少奇在党的七大上作关于修改党章的报告，对毛泽东思想进行了完整概括和系统阐述。他指出：毛泽东思想“就是中国的共产主义，中国的马克思主义”，包括“新民主主义”“解放农民”“革命统一战线”“革命战争”“革命根据地”“建设新民主主义共和国”“建设党”“文化”等方面的理论与政策。毛泽东思想指导地位的确立，标志着全党在思想上的成熟和统一。

解放战争时期，中国共产党人继续丰富新

民主主义理论，明确提出："新民主主义的革命，不是任何别的革命，它只能是和必须是无产阶级领导的，人民大众的，反对帝国主义、封建主义和官僚资本主义的革命。"① 在新民主主义理论指导下，推动了解放战争的顺利进行，建立了中华人民共和国。

在革命斗争中，以毛泽东同志为主要代表的中国共产党人把马克思列宁主义基本原理同中国具体实际相结合，对经过艰苦探索、付出巨大牺牲积累的一系列独创性经验作了理论概括，开辟了农村包围城市、武装夺取政权的正确革命道路，创立了毛泽东思想，为夺取新民主主义革命胜利指明了正确方向。②

在独立自主探索社会主义建设道路的过程中，毛泽东在党内最早提出"以苏为鉴"，推动

---

① 毛泽东. 毛泽东选集：第4卷［M］. 北京：人民出版社，1991：1313.

② 中共中央关于党的百年奋斗重大成就和历史经验的决议［M］. 北京：人民出版社，2021：7.

马列主义同中国实际进行第二次结合，找出在中国怎样建设社会主义的方法。以毛泽东为主要代表的中国共产党人在继承马克思主义经典作家关于社会主义革命思想的基础上独立自主地提出了社会主义改造理论，推动中国平稳地从新民主主义社会过渡到社会主义社会。中国共产党所创立的社会主义改造理论是全面的、系统的，涉及农业、手工业和资本主义工商业。在农业领域，党探索出一条比较成熟的农业社会主义改造道路，即通过互助组、初级农业生产合作社、高级农业生产合作社的渐进步骤来增加社会主义因素、减少小生产因素。在手工业领域，党决定采取手工业生产合作小组、手工业供销合作社、手工业生产合作社三种由小到大、由低到高的形式逐步向社会主义过渡。在工商业领域，党确定了从低到高的国家资本主义过渡形式。此外，对民族资本家的“和平赎买”政策更是党的重大理论创新。

改革开放以来，以邓小平、江泽民、胡锦涛为主要代表的中国共产党人独立自主推进马克思主义中国化，形成了中国特色社会主义理论体系。党的十一届三中全会以后，以邓小平同志为主要代表的中国共产党人，团结带领全党全国各族人民，深刻总结新中国成立以来正反两方面经验，围绕“什么是社会主义、怎样建设社会主义”这一根本问题，借鉴世界社会主义历史经验，创立了邓小平理论。解放思想，实事求是，作出把党和国家工作中心转移到经济建设上来、实行改革开放的历史性决策，深刻揭示社会主义本质，确立社会主义初级阶段基本路线，明确提出走自己的路、建设中国特色社会主义，科学回答了建设中国特色社会主义的一系列基本问题，制定了到二十一世纪中叶分三步走，基本实现社会主义现代化的发展战略。

党的十八大以来，以习近平同志为核心的

党中央，坚持把马克思主义基本原理同中国具体实际相结合、同中华优秀传统文化相结合，坚持毛泽东思想、邓小平理论、“三个代表”重要思想、科学发展观，深刻总结并充分运用党成立以来的历史经验，从新的实际出发，创立了习近平新时代中国特色社会主义思想。习近平新时代中国特色社会主义思想内涵十分丰富，涵盖新时代坚持和发展中国特色社会主义的总目标、总任务、总体布局、战略布局和发展方向、发展方式、发展动力、战略步骤、外部条件、政治保证等基本问题，并根据新的实践对经济、政治、法治、科技、文化、教育、民生、民族、社会、生态文明、国家安全、国防和军队、“一国两制”和祖国统一、统一战线、外交、党的建设等各方面作出新的理论概括和战略指引。习近平新时代中国特色社会主义思想的核心内容是“十个明确”和“十四个坚持”，二者有机融合、有机统一，凝结着我们党坚持和发展中国特色社会主义的宝贵经验。习近平总书记对关系新时代党和国家事业发展的一系列重大理论和实践问题进行了深邃思考和科学判断，就新时代坚持和发展什么样的中国特色社会主义、怎样坚持和发展中国特色社会主义，建设什么样的社会主义现代化强国、怎样建设社会主义现代化强国，建设什么样的长期执政的马克思主义政党、怎样建设长期执政的马克思主义政党等重大时代课题，提出一系列原创性的治国理政新理念新思想新战略，是习近平新时代中国特色社会主义思想的主要创立者。

实践永无止境，理论创新也永无止境。无论党的事业进展到哪一步，都要矢志不渝地坚持独立自主进行理论创新，以永不止步的姿态不断探究规律，走中国自己的道路，不断使主观更加合乎客观，使马克思主义永远绽放真理之花、永远闪耀科学之光。

二、建立独立的国民经济体系

独立的比较完整的工业体系和国民经济体系的建立是新中国由落后的农业国向建设社会主义工业国迈开实质性步伐的第一步，同时，也为我国社会主义发展进步和开辟中国特色社会主义道路奠定了物质基础。建立一个独立的完整的国民经济体系，是根本改变我国经济面貌的伟大革命任务，是取得核心竞争力的基础。

新中国成立初期，面临的困难和挑战也是空前的，旧中国一穷二白、积贫积弱、民生凋敝，还有满目疮痍的战争创伤，加之受到美国等西方资本主义国家在外交、经济、军事上的严密封锁，而且当时中国共产党又缺乏领导大规模经济建设的实践经验。如何建设新中国成为摆在中国共产党人面前的全新课题。毛泽东这样说过："现在我们能造什么？能造桌子椅子，能造茶碗茶壶，能种粮食，还能磨成面粉，还能造纸，但是，一辆汽车、一架飞机、一辆坦克、一辆拖拉机都不能造。"① 当时，火柴叫洋火，煤油叫洋油，水泥是洋灰，铁钉是洋钉。毛泽东牢记落后就要挨打的历史教训，他在修改《关于工业发展问题（初稿）》时深刻指出，在我们基本解决了社会制度问题后，如果不在今后几十年内，争取彻底改变我国经济和技术远远落后于帝国主义国家的状态，挨打是不可避免的。因此，打好自己的国民经济基础，成为新中国建设的紧迫任务。建立独立的比较完整的工业体系和国民经济体系思想的形成是独立自主原则的重要体现，其实质和要义就是要依靠自己的力量推进建设事业，信任和依靠本国人民的智慧和力量，否则，社会主义建设

---

① 中共中央文献研究室编. 建国以来重要文献选编：第五册［M］. 北京：中央文献出版社，1993：262.

事业不可能取得胜利，抑或胜利了也不可能巩固。

在恢复国民经济时期，毛泽东就指导制定了我国国民经济发展第一个五年计划，明确了第一个五年计划的各项具体任务：首先，建立和扩建电力、煤矿、石油工业和现代化的钢铁工业、有色金属工业以及基本化学工业并发展机器制造工业。随着重工业的发展，相应地发展轻工业和新的中小型的工业企业。其次，兴修水利，植树造林，广泛地开展关于保持水土的工作。促进畜牧业和水产业的发展，增加农业特产品的生产。再次，发展运输业和邮电业。主要是铁路的建设，同时发展内河和海上的运输，扩大公路、民用航空和邮电事业的建设。最后，保证市场的稳定。发展物资交流，扩大商品流通。第一个五年计划期间，我国始终坚持自力更生、艰苦奋斗的精神，广泛开展增产节约、劳动竞赛、技术革新等运动，大力发展社会主义生产力，创造了我国历史上国民经济的很多个第一：我国历史上第一根无缝钢管、第一座年产 3 万辆载重汽车的第一汽车制造厂、第一架国产喷气式飞机、第一座现代化的电子管厂、第一座生产机床的工厂、长江上建造的第一座公路铁路两用桥等等。到 1957 年底，第一个五年计划超额完成任务，基建投资达 550 亿元，新建扩建 10000 多个工矿企业单位，工业总产值增长 141%，农副业总产值增长 25%；在工农业总产值中，工业和手工业比重提高到 56.5%。当时，在内无经验，外无援助的情况下，中国发扬“自力更生，发愤图强”的精神，超额完成了“一五”计划的任务，增强了中国人民的自信心，也为以后我国政治经济文化科技等各方面建设提供了宝贵经验。

党的八大之后，中共中央明确指出：任何一个国家建设社会主义总要有一点独立的能力，更不用说像我们这样一个大国。太小的国家，原料很缺，不可能不靠别的国家。而我们这样的大国，就必须建立自己的完整的工业体系，不然一旦风吹草动，没有任何一个国家能够支援我们完全解决问题。1958 年 6 月 17 日，毛泽东在对第二个五年计划指标所作的批示中说："自力更生为主，争取外援为辅，破除迷信，独立自主地干工业和农业、干技术革命和文化革命，打倒奴隶思想，埋葬教条主义，认真学习外国的好经验，也一定研究外国的坏经验——引以为戒，这就是我们的路线。"① 1960 年 7 月，苏联把中、苏两党的思想意识分歧扩大到国家关系方面，突然决定全部撤退在我国帮助工作的 1390 名专家，撕毁了 343 个专家合同和合同的补充书，废除了 257 个科学技术合作项目，并且在此以后，大量减少了成套设备和各种设备中的关键部分的供应。这就使我们

① 中共中央文献研究室编. 毛泽东文集：第 7 卷［M］. 北京：人民出版社，1999：380.

的建设事业遭到严重的损失，从而扰乱了我国发展国民经济的原定计划，大大加重了我们的困难，但是也激发了中国人独立自主、自力更生发展民族工业的澎湃热潮。毛泽东在对印度尼西亚共产党代表团的谈话中说："苏联把专家撤走，撕毁了合同，这对我们有好处。我们没办法，就靠自己，靠自己两只手。后来苏联又后悔了，想再派专家来，要同我们做生意，我们不干。他们再派专家来，有朝一日他们又要撤走专家，撕毁合同。他们已经失去了我们的信任……离开了先生，学生就自己学。有先生有好处，也有坏处。不要先生，自己读书，自己写字，自己想问题。这是一条真理。"①

鉴于苏联突出重视优先发展重工业，严重忽视轻工业和农业的发展，暴露出粮食和生活日用品短缺以及和农民关系紧张的经验教训，

① 中共中央文献研究室编. 毛泽东文集：第8卷［M］. 北京：人民出版社，1999：338.

我国虽然没有发生像苏联那样的严重问题，但也需引以为戒。我们党逐渐认识到重工业、农业和轻工业的发展应该按比例协调发展。毛泽东在《论十大关系》中，就重工业、轻工业和农业如何协调发展以促进人民生活水平的提高进行了科学阐释。经过对失误的沉痛反思和深刻的总结，党中央适时提出“调整、巩固、充实、提高”的八字方针。

经过近 30 年的工业化建设，新中国逐步建立了独立的、比较完整的工业体系和国民经济体系，打下了较好的工业基础，特别是重工业基础。在辽阔的内地和少数民族地区，兴建了一批新的工业基地；国防工业从无到有逐步建设起来，特别是成功发射“两弹一星”，巩固了国家政权稳定；资源勘探工作成绩很大；铁路、公路、水运、航空和邮电事业都有很大的发展。这一时期的社会主义工业化建设，为改革开放后中国的快速工业化进程奠定了发展基础。

党的十一届三中全会拉开了我国改革开放的大幕。党抓住经济建设这个中心，领导人民埋头苦干，创造出经济快速发展的奇迹，国家经济实力大幅跃升。我们从实行家庭联产承包责任制、乡镇企业异军突起、取消农业税牧业税和特产税到农村承包地“三权”分置、打赢脱贫攻坚战、实施乡村振兴战略，从发展深圳等经济特区、沿海沿边沿江沿线和内陆中心城市对外开放到加入世界贸易组织、共建“一带一路”、设立自由贸易试验区、谋划中国特色自由贸易港、成功举办首届中国国际进口博览会，从“引进来”到“走出去”，从搞好国营大中小企业、发展个体私营经济到深化国资国企改革、发展混合所有制经济，从单一公有制到公有制为主体、多种所有制经济共同发展和坚持“两个毫不动摇”，从传统的计划经济体制到前无古人的社会主义市场经济体制再到使市场在资源配置中起决定性作用和更好发挥政府作用。

党的十八届五中全会、党的十九大、党的十九届五中全会和历次中央经济工作会议集中对我国发展作出部署，作出坚持以高质量发展为主题、以供给侧结构性改革为主线、建设现代化经济体系、把握扩大内需战略基点，打好防范化解重大风险、精准脱贫、污染防治三大攻坚战等重大决策。

一是毫不动摇巩固和发展公有制经济，毫不动摇鼓励、支持、引导非公有制经济发展，支持国有资本和国有企业做强做优做大，建立中国特色现代企业制度，增强国有经济竞争力、创新力、控制力、影响力、抗风险能力；构建亲清政商关系，促进非公有制经济健康发展和非公有制经济人士健康成长。

二是全面实施供给侧结构性改革，推进去产能、去库存、去杠杆、降成本、补短板，落实巩固、增强、提升、畅通要求，推进制造强国建设，加快发展现代产业体系，壮大实体经济，发展数字经济。

三是完善宏观经济治理，创新宏观调控思路和方式，增强宏观政策自主性，实施积极的财政政策和稳健的货币政策，坚持推进简政放权、放管结合、优化服务，保障粮食安全、能源资源安全、产业链供应链安全，坚持金融为实体经济服务，全面加强金融监管，防范化解经济金融领域风险，强化市场监管和反垄断规制，防止资本无序扩张，维护市场秩序，激发各类市场主体特别是中小微企业活力，保护广大劳动者和消费者权益。

四是实施区域协调发展战略，促进京津冀协同发展、长江经济带发展、粤港澳大湾区建设、长三角一体化发展、黄河流域生态保护和高质量发展，高标准高质量建设雄安新区，推动西部大开发形成新格局，推动东北振兴取得新突破，推动中部地区高质量发展，鼓励东部地区加快推进现代化，支持革命老区、民族地区、边疆地区、贫困地区改善生产生活条件。

五是党始终把解决好“三农”问题作为全党工作重中之重，实施乡村振兴战略，加快推进农业农村现代化，坚持藏粮于地、藏粮于技，实行最严格的耕地保护制度，推动农业科技自立自强、种源自主可控，确保把中国人的饭碗牢牢端在自己手中。

当前，我国经济发展平衡性、协调性、可持续性明显增强，国内生产总值突破百万亿元大关，人均国内生产总值超过一万美元，我国经济迈上更高质量、更有效率、更加公平、更可持续、更为安全的发展之路。目前，中国是世界上唯一拥有联合国产业分类目录中所有工业门类的国家，多项工业品产量居世界第一。这些都是中国人依靠自身的力量发展起来的。

三、形成独具特色的政治制度

中国共产党坚持独立自主原则,形成了世界上独一无二的政治制度体系。中国特色社会主义政治制度充分适应中国国情，使中国共产党能够担当起历史和人民所赋予的伟大使命，实现全面建成小康社会和推进现代化强国建设、实现祖国完全统一、推动构建人类命运共同体的任务，使中国能够在激烈的国际竞争和风云变幻的国际环境中立于不败之地，不断提高综合国力、国际影响力和竞争力，将14亿多中国人民引向中华民族伟大复兴的光明前景。

1. 建立和完善人民代表大会制度这一根本政治制度

1949年9月，中国人民政治协商会议通过的《中国人民政治协商会议共同纲领》明确规定：人民行使国家政权的机关为各级人民代表大会和各级人民政府，也就确立了国家政体是人民代表大会制度。但是，由于新中国成立初期不具备召开普选产生的各级人民代表大会的条件，于是采取了过渡的办法，即在中央由中国人民政治协商会议第一届全体会议代行全国人民代表大会的职权，选举产生了中央人民政府委员会，并赋之以行使国家权力的职能；在地方，则普遍召开了各界人民代表会议，逐步代行人民代表大会的职权，选举产生本级人民政府。从 1953 年下半年起，在全国范围内进行了我国第一次空前规模的普选。在此基础上，由下而上逐级召开人民代表大会。

1954 年 9 月，第一届全国人民代表大会第一次会议召开，它标志着我国人民代表大会制度从中央到地方系统地建立起来了。这次会议通过的新中国第一部宪法，对人民代表大会制度作出了一系列具体的规定，并按照这些规定选举产生了全国人大常委会、国家主席、最高人民法院院长和最高人民检察院检察长，决定了国务院总理和其他组成人员。人民当家作主的政治架构、经济基础、法律原则、制度框架基本确立并不断发展。“文化大革命”结束以后，全国人大常委会恢复活动；地方各级人民代表大会陆续召开。1978 年 2 月 26 日，五届全国人大一次会议召开，至此各级人民代表大会都恢复活动。改革开放以来，人民代表大会制度建设和人大工作也进入了一个新的发展阶段。1982 年 12 月，五届全国人大五次会议通过了新宪法，在健全人民代表大会制度方面，作出了一些新的重要规定，对坚持和完善人民代表大会制度、发挥国家权力机关的作用，具有重要的现实意义和深远的历史意义。经过实践，人民代表大会制度不断得到巩固和发展，展现出蓬勃生机和活力。特别是党的十八大以来，以习近平同志为核心的党中央全面加强党对人大工作的领导，通过人民代表大会制度保证党的路线方针政策和决策部署在国家工作中得到全面贯彻和有效执行。实践充分证明，人民代表大会制度是符合中国国情和实际、体现社会主义国家性质、保证人民当家作主、保障实现中华民族伟大复兴的好制度。

人民代表大会制度是中国特色社会主义制度的重要组成部分，也是支撑中国国家治理体系和治理能力的根本政治制度。新形势下，我们要毫不动摇坚持人民代表大会制度，也要与时俱进完善人民代表大会制度。为加强人大制度建设，主要做了以下努力：一是支持和保证人民通过人民代表大会行使国家权力，保证各级人大都由民主选举产生、对人民负责、受人民监督，保证各级国家机关都由人大产生、对人大负责、受人大监督。二是支持和保证人大及其常委会依法行使职权，健全人大对“一府一委两院”监督制度。三是密切人大代表同人民群众的联系，健全代表联络机制，更好发挥人大代表作用。四是健全人大组织制度、选举制度和议事规则，完善论证、评估、评议、听证制度。五是适当增加基层人大代表数量。加强地方人大及其常委会建设。

人民代表大会制度是坚持党的领导、人民当家作主、依法治国有机统一的根本政治制度安排。这是人类政治制度史上的伟大创造，是以人民为中心的思想在政治上的深刻反映。在人民代表大会制度下，中国共产党不断扩大和巩固执政基础，兼顾群众性、阶层性，代表中国全体人民整体利益、根本利益、长远利益，在协调不同社会群体利益诉求、整合兼顾不同社会群体利益当中发挥了领导与引导作用，真正做到了来自人民、依靠人民、全心全意为人民。人民代表制度的优势反映在重大决策中，就是决策科学化民主化水平的提高，既通过汇集众思、广纳群言提高了决策的科学性，也保证了议而能决、决而能行的决策效率，避免了竞争性政治体制下决策效率低下、权力各方掣肘的弊端。

2. 建立和完善中国共产党领导的多党合作和政治协商制度

作为一项源于本土、具有鲜明中国特色的制度设计，中国共产党领导下的多党合作与政治协商制度的建立和完善是一个长期过程。1948 年 4 月 30 日，中国共产党发表著名的“五一口号”，向全中国人民发出号召，提出召开新的政治协商会议的倡议，以筹建中华人民共和国。1949 年 9 月，中国人民政治协商会议第一届全体会议的召开，标志着中国共产党领导的多党合作和政治协商制度的真正确立。人民政协为恢复和发展国民经济、巩固新生人民政权、完成社会主义革命、确立社会主义基本制度、推进社会主义建设作出了积极贡献。1954 年全国人民代表大会召开后，人民政协继续在国家政治生活和社会生活中开展了卓有成效的工作。1978 年党的十一届三中全会召开，人民政协事业发展进入了新时期。党中央进一步明确人民政协的性质、任务、主题、职能，推动人民政协性质和作用载入宪法，把中国共产党领导的多党合作和政治协商制度确立为我国的一项基本政治制度。人民政协认真贯彻党的理论和路线方针政策，努力调动一切积极因素，团结一切可以团结的力量，为推进改革开放和社会主义现代化建设作出了重要贡献。中国特色社会主义进入新时代，党中央对人民政协工作作出一系列重大部署。党的十八大特别是党的十八届三中全会以来，中共中央进一步推进协商民主广泛、多层、制度化发展，协商民主顶层设计、协商体系建设、协商渠道建设等取得新的重要进展，协商民主制度化水平进一步提高。

党坚持社会主义协商民主的独特优势，统筹推进政党协商、人大协商、政府协商、政协协商、人民团体协商、基层协商以及社会组织协商，构建程序合理、环节完整的协商民主体系，完善协商于决策之前和决策实施之中的落实机制，丰富有事好商量、众人的事情由众人商量的制度化实践。在这一制度下，中国共产党与民主党派之间的关系是建设性的而不是破坏性的，是积极团结而不是互相掣肘。中国共产党与各民主党派“长期共存、互相监督、肝胆相照、荣辱与共”，按照“团结—批评—团结”的原则共处，由此结成最广泛的爱国统一战线，促进全民族大团结大联合，使中国共产党能够有效汇集众思，提高决策质量，降低决策风险，最终使国家受益、人民受益。人民政协认真贯彻习近平新时代中国特色社会主义思想，坚持人民政协性质定位，紧扣统筹推进“五位一体”总体布局、协调推进“四个全面”战略布局，积极投身实现“两个一百年”奋斗目标、实现中华民族伟大复兴中国梦的伟大实践，为党和国家事业发展凝心聚力，开拓人民政协工作新局面。

为完善中国共产党领导的多党合作和政治协商制度，我们主要做了以下努力：一是不断加强中国特色社会主义政党制度建设，健全相互监督特别是中国共产党自觉接受监督、对重大决策部署贯彻落实情况实施专项监督等机制，完善民主党派中央直接向中共中央提出建议制度，完善支持民主党派和无党派人士履行职能方法，展现我国新型政党制度优势。二是发挥人民政协作为政治组织和民主形式的效能，提高政治协商、民主监督、参政议政水平，更好凝聚共识。三是完善人民政协专门协商机构制度，丰富协商形式，健全协商规则，优化界别设置，健全发扬民主和增进团结相互贯通、建言资政和凝聚共识双向发力的程序机制。

3. 建立和完善民族区域自治制度

回顾党的百年历程，党的民族工作取得的最大成就，就是走出了一条中国特色解决民族问题的正确道路。中国共产党领导实行的民族区域自治制度作为一项基本政治制度和中国少数民族地区基本政权形式，符合中华人民共和国单一制国家结构形式和崇尚团结统一的中国传统政治文化，充分体现了各民族平等团结和共同繁荣的基本原则。在中国共产党领导下，中国成功地建立起了“一体多元”的现代国家。

民族区域自治，是中国共产党把马克思主义民族理论同中国民族问题具体实际相结合的伟大创举。1947 年 5 月，中国第一个省级少数民族自治区——内蒙古自治区在兴安盟宣告成立。在内蒙古自治区成立的同一时期，党在山东、晋察冀、琼崖等几个解放区也建立起少数民族自治政权。1949 年 9 月 29 日，中国人民政治协商会议第一届全体会议通过的《中国人民政治协商会议共同纲领》明确规定：各少数民族聚居区域，应实行民族区域自治。至此，民族区域自治被正式确定为国家的一项基本政治制度。1952 年《民族区域自治实施纲要》对民族自治地方的建立、自治机关的组成、自治机关的自治权利等重要事项作出明确规定；从 1954 年以宪法的形式确认这一制度，到 1984 年通过民族区域自治法，实现政策、制度、法律三位一体；从 2001 年根据建立社会主义市场经济体制的新形势对民族区域自治法进行修改，到 2005 年发布《国务院实施〈中华人民共和国民族区域自治法〉若干规定》等。我国目前初步形成了包括宪法、基本法、其他法律、行政法规、部门规章以及地方性法规和政府规章等的民族法规体系，在保障少数民族合法权益，建立和巩固平等、团结、互助、和谐的民族关系，促进各民族共同繁荣等方面发挥着重要的作用。民族区域自治制度建立 70 多年来，继内蒙古自治区之后，我国先后又成立了新疆、广西、宁夏、西藏4个自治区，以及30个自治州和120个自治县，民族自治地方面积达到全国国土总面积的64%。我们党全面正确实行民族区域自治，国家大力支持民族自治地方行使自治权，推动我国少数民族、民族地区、民族关系的面貌实现了翻天覆地的变化。

为完善民族区域自治制度，我们主要做了以下工作：一是牢牢把握正确的政治方向。就是坚持中国特色社会主义，不断增强坚持和完善民族区域自治的“四个自信”，就是坚持统一和自治、民族因素和区域因素的正确结合，国家政令统一实施、一体遵守，尊重民族区域自治地方的自治权。二是大力帮助民族自治地方发展经济、改善民生。这是落实民族区域自治制度的关键。发展是解决民族地区各种问题的总钥匙。我们把增强区域发展均衡性、协调性、可持续性作为落实民族区域自治制度的衡量标准，推动民族自治地方融入全国统一市场和国家发展总体战略，实现跨越式发展和包容性发展。在民族地区发展中，始终做到了坚持民族因素和区域因素相结合，发展经济和改善民生相结合，释放政策动力和激发内生潜力相结合，发挥中央、发达地区和民族自治地方三个积极性，不断完善体制机制和扶持政策，增强民族地区自我发展能力，让各族群众更多更公平地享有改革发展的丰硕成果。三是坚持用法律保障民族团结、巩固国家统一。我们一贯按照建设法治中国的要求，把依法治国基本方略贯穿到民族工作全领域、各环节，健全以民族区域自治法为主干的民族法治体系，用法律来规范民族关系、保障民族团结，着力推进民族事务法治化，决不搞法外的从宽从严，坚决防止和纠正涉及民族因素的歧视性言行，切实做到法律面前人人平等。同时严密防范和依法打击“三股势力”及其破坏活动，切实维护了边疆巩固和国家统一。

实行民族区域自治，发源于马克思主义民族理论，根植于中国传统政治文明，立足于我国基本国情，是尊重历史、合乎国情、顺应民心的正确抉择，中国共产党结合民族因素和区域因素、政治因素和经济因素、历史因素和现实因素，使之成为具有中国特色的民族问题解决之路。

4. 健全充满活力的基层群众自治制度

加强和创新基层社会治理，关乎党长期执政、国家长治久安和广大人民群众的切身利益。经过长期探索实践，我们在基层社会治理中形成了一套相对稳定且行之有效的制度。1954 年 12 月，召开的第一届全国人大常委会第四次会议制定并颁布了《城市居民委员会组织条例》，第一次以法律的形式明确规定“居民委员会是群众自治性的居民组织”。从此，居委会自治组织在全国各地蓬勃发展起来。到1956年底，全国各城市普遍建立了居民委员会，在民主自治方面迈出了第一步，揭开了我国城市居民民主自治的新篇章。1978年党的十一届三中全会召开，我国社会主义建设全面复苏，城市居民委员会的组织建设得到了全面的恢复和发展。以党的十一届三中全会召开为契机，城市居民自治开始进入法治化的新阶段。1980年1月，全国人大常委会重新公布了《城市居民委员会组织条例》。1982年宪法在总结我国居民委员会实行群众自治经验的基础上，首次以根本法的形式明确规定居民委员会的性质、任务和作用。1989年12月26日，第七届全国人大常委会第十一次全会审议通过了《中华人民共和国城市居民委员会组织法》，标志着我国城市居民委员会建设已经步入了制度化的轨道。

作为村民自治的组织载体，村委会最早出现于20世纪80年代初，当时的广西壮族自治区罗城、宜山自发地把农民组织起来，借鉴城市居民委员会的做法，选举产生了中国第一个村民委员会——广西宜州市屏南乡果作村民委员会。广西的这一做法引起了极大的反响，全国各地纷纷仿效，建立了村民委员会组织。1982 年，第五届全国人民代表大会第五次会议通过的新宪法中，把村民委员会与居民委员会一起写进了宪法，正式确立了村民委员会作为农村基层群众性自治组织的法律地位，使之成为中国特色社会主义民主政治制度的重要组成部分。1998 年 11 月 4 日，第九届全国人大常委会第五次会议审议通过《中华人民共和国村委会组织法》，它的颁布施行标志着农村基层民主已经初步形成了一套制度化的运作模式。目前，全国各省、自治区、直辖市已经制定或修订了村民委员会组织法实施办法或村委会选举办法，使村民自治有了更加具体的法律法规保障。党的十九届四中全会通过的《中共中央关于坚持和完善中国特色社会主义制度推进国家治理体系和治理能力现代化若干重大问题的决定》提出，坚持和完善共建共治共享的社会治理制度，强调完善党委领导、政府负责、民主协商、社会协同、公众参与、法治保障、科技支撑的社会治理体系，建设人人有责、人人尽责、人人享有的社会治理共同体，努力让人民群众成为社会治理的最广参与者、最大受益者、最终评判者。

为完善基层群众自治制度，我们做了以下工作：一是加强党对基层社会治理的顶层设计。坚持在党的领导下总结推广典型经验、完善相关政策，保证基层社会治理按照党和人民的意愿进行。通过有效的顶层设计和制度安排，真正把党的理论优势、政治优势、制度优势、密切联系群众优势转化为社会治理的强大效能。推动基层党建与基层社会治理深度融合，积极探索基层党组织政治引领、组织引领、机制引领的途径和载体。二是坚持以人民为中心。加强和创新基层社会治理始终坚持人民主体地位，紧紧依靠人民、一切为了人民，把基层社会治理变成亿万人民参与的生动实践。树立开放融合思维，在坚持党委领导、政府负责的同时，调动社会各种主体参与积极性，发挥人民群众的主人翁精神，为共建共治共享拓展了广阔空间。三是不断创新体制机制。进一步探索和总结我国基层社会治理模式，深入研究世情、国情、党情、社情变化给基层社会治理提出的新任务、带来的新挑战，因势利导，扬长避短，充分发挥我国基层社会治理的特点和优势，不断提高治理水平和治理效能。健全了充满活力的基层群众自治制度，进一步拓展和完善了群众参与基层群众自治的制度化渠道。

中国特色社会主义政治制度不是“舶来品”，而是深深扎根于中国的土壤之中的。其一，中国特色社会主义政治制度具有深厚的中华文化底蕴。这一制度从中华民族五千多年灿烂文明的历史积淀中汲取了“大道之行、天下为公”等精神养分，并在中国社会的广袤土壤中逐步成长。其二，中国特色社会主义政治制度是党领导人民在长期实践探索中形成的。中国特色社会主义建立在我们党百年奋斗的基础上。在革命、建设、改革的历史进程中，中国特色社会主义政治制度焕发出强大的生命力，彰显出独特和宝贵的价值。实践证明，当代中国的伟大制度创新，不是简单延续我国历史文化的母版，不是简单套用马克思主义经典作家设想的模板，不是其他国家社会主义实践的再版，也不是国外现代化发展的翻版，而是最符合中国具体国情，在实践中彰显出勃勃生机。

总之，我们要坚持独立自主的思想原则，不断推进社会主义民主政治制度化、规范化、程序化，更好发挥中国特色社会主义政治制度的优越性，为党和国家兴旺发达、长治久安提供十分完善的制度保障。

四、建设中华民族特色文化

文化是一个国家、一个民族的灵魂。文化兴国运兴，文化强民族强。无论是人类社会的发展，还是中华民族的发展，已经证明并将继续证明：一个抛弃了或者背叛了自己历史文化的民族，不仅不可能发展起来，还很可能上演一幕幕历史悲剧。建设民族自己的文化是确保民族自信的根本，不仅使民族获得更基础、更广泛、更深厚的自信，而且获得更基本、更深沉、更持久的力量。对中华民族而言，要实现中华民族伟大复兴必须坚持中国共产党的领导，以马克思主义为指导，坚守中华优秀传统文化立场，弘扬民族精神和时代精神，推动社会主义文化大发展大繁荣，建设社会主义文化强国，构筑起中国精神、中国价值、中国力量，筑牢全党全国各族人民团结奋斗的共同思想文化基础。

1. 坚持独特鲜明的民族特性

中国是一个有着悠久历史、丰富文化、深厚精神的文明古国，中华民族创造了以中华民族为发展主体的源远流长、绚烂多姿、独具特色的中华文化，是具有中华民族独特思想观念、人文精神、道德规范的文化体系，积淀着中华民族最深沉的精神追求，代表着中华民族独特的精神标识。中华优秀传统文化蕴含着丰富的思想道德资源，是中华民族长期孕育和形成的思想观念、风俗习惯、生活方式、情感样式的集中表达，主要包括崇仁爱、重民本、求大同等的思想观念，如："仁者爱人""民为贵，社稷次之，君为轻""大道之行也，天下为公"；自强不息、坚守诚信、修身反省等的人文精神，如："天行健，君子以自强不息""真者，精诚之至也""见贤思齐焉，见不贤而内自省也"；扶正扬善、扶危济困、孝老爱亲等的道德规范，如："兼善天下""利济苍生""老吾老，以及人之老；幼吾幼，以及人之幼"。习近平总书记指出："中华优秀传统文化是中华民族的文化根脉，其蕴含的思想观念、人文精神、道德规范，不仅是我们中国人思想和精神的内核，对解决人类问题也有重要价值。"① 这决定了中国共产党领导全党全国各族人民实现中华民族伟大复兴必须要走适合自己的文化发展道路，把马克思主义基本原理与中华优秀传统文化相结合，推动中国特色社会主义与中华优秀传统文化深度结合，建设中华民族特色文化，把中华优秀传统文化予以发扬光大和推进其现代化。

中华文化自形成以来，虽屡经曲折磨难，

---

① 习近平. 在全国宣传思想工作会议上的重要讲话［N］，人民日报，2018-8-23.

但在紧要关头都实现了重振和复兴，成为世界上唯一没有中断的古老文化。何以如此？关键在五千多年历史文明中积淀而融入一代又一代中华儿女骨血的中华优秀传统文化基因，既构成了中华文化的主体，也形成了中华民族的精神命脉，为民族的生生不息、持续发展、不断壮大提供丰厚的精神滋养和人文底蕴，为新时代中国特色社会主义的进一步提升和发展提供深厚的精神和人文涵养。这鲜明地展现和映衬了中华民族的民族特性。中华优秀传统文化不仅承载着中华民族的智慧精髓，更滋养着当代中国人的精神世界，是滋养和增强当代中国人精神力量的源头活水和不竭动力。建设社会主义文化强国，若抛弃中华优秀传统文化，那必将成为无源之水、无本之木，也就不会有中华民族伟大复兴。

建设中华民族特色文化始终坚持独特鲜明的民族性，确保了中华民族的根基、灵魂、基因、标识，确保了中华民族发展与繁荣的聚合、激励、滋养、提振。党的十八大以来，以习近平同志为核心的党中央深刻认识和深入阐述中华优秀传统文化的历史意义，大力弘扬中华优秀传统文化，大力发展社会主义先进文化，把推动中华优秀传统文化繁荣兴盛作为坚持和发展中国特色社会主义事业的重要组成部分。习近平总书记作为党的核心、人民领袖和军队统帅，具有浓厚而深沉的中华文化情怀和深厚的中华文化底蕴，他用“中华民族的基因”“中华民族文化血脉”“中华民族的精神命脉”“中华民族的根和魂”表述中华优秀传统文化，明确阐述了中华优秀传统文化的独特价值，充分体现了总书记对中华优秀传统文化的自信心与自豪感，鲜明表达了建设中华民族特色文化必须坚持独特鲜明的民族特性。

2. 实现民族复兴的坚强基石

中华民族特点的文化凝聚着中华民族对人类社会发展的历史认知和现实感受，积淀着中华民族的精神追求和行为准则，是中华民族伟大复兴的坚强基石。中华民族特色文化是整个中华民族共同依托、共同传承、共同发扬的文化认同、价值认同和道德共识，积淀着中华民族最深沉的精神追求，包含着中华民族最根本的精神基因，代表着中华民族独特的精神标识，是坚定中国特色社会主义道路自信、理论自信、制度自信、文化自信的深厚基础，成为中华民族伟大复兴的精神财富和精神动力。建设中华民族特色文化是事关国运兴衰、事关文化安全、事关民族精神独立性的大问题。任何一个国家和民族的发展都必须依托其自身特色文化，否则就是否定民族、否定传统、割断历史，就会迷失方向、丧失根本。坚持和发展中国特色社会主义文化，是中国特色社会主义道路在文化领域的具体体现和生动实践，是推动社会主义文化繁荣兴盛、建设社会主义文化强国的正确道路，也是新时代中国共产党在文化领域担当历史使命的必然选择、必由之路。

中华民族特色文化既坚守本根，又不断与时俱进，使中华民族保持了坚定的民族自信和强大的修复能力，培育了共同的情感和价值、共同的理想和精神。习近平总书记指出："一个没有精神力量的民族难以自立自强，一项没有文化支撑的事业难以持续长久。"① 中华民族特色文化源自中华民族五千多年文明史所孕育的中华优秀传统文化，熔铸于党领导人民在革命、建设和改革中创造的革命文化和社会主义先进文化，植根于中国特色社会主义伟大实践，筑牢了中华民族共同体意识，坚定了中国特色社会主义文化自信。中国共产党建设的中华民族

① 本书编写组. 社会主义发展史［M］. 北京：人民出版社、学习出版社，2021：267.

特色文化是包括中华优秀传统文化、革命文化和社会主义先进文化在内的文化肌体，不仅是对创造中华优秀传统文化的先祖的礼敬，而且是对浴血奋战、百折不挠的先烈的崇敬，更是对社会主义建设的榜样的尊崇。

中华优秀传统文化是中华民族特色文化沃土，孕育和成长于战斗岁月中的革命文化是中华民族特色文化的重要组成，以马克思主义为指导、以人民为中心为导向、以社会主义核心价值观为引领的社会主义先进文化是中华民族特色文化的主要构成。何为革命文化和社会主义先进文化？革命文化作为中国共产党特有的文化形态，是中国共产党领导广大党员干部和人民群众在艰苦卓绝的革命斗争中，形成发展并不断丰富，深深镌刻和熔铸着共产党人的革命理想、政治信仰和精神价值，具有鲜明的党性和时代性、与众不同的时代价值和资政育人价值，其所蕴含的信念、信仰、纪律、精神，深刻诠释和体现着中国共产党和共产党人对过去、现在和未来的道德共识、理想信念和价值追求。社会主义先进文化是以科学理论引路指向、正确舆论凝心聚力、先进文化塑造灵魂、优秀作品鼓舞斗志为发展方向，以倡导“富强、民主、文明、和谐，自由、平等、公正、法治，爱国、敬业、诚信、友善”的社会主义核心价值观为价值理念，面向现代化、面向世界、面向未来，民族的、科学的、大众的文化，由此形成了中华民族特色文化，找到了马克思主义基本原理与中国实际相结合的文化发展道路，不断推进中国特色社会主义文化发展，建设社会主义文化强国，为中华民族伟大复兴奠定坚强基石。

3. 促进民族文化的创新发展

创新是社会进步的灵魂，也是推动文化大繁荣大发展的不竭动力。一个民族的文化是否处于先进性地位，这是一个动态的过程。在建设中华民族特色文化过程中，我们始终保持了中国特色社会主义文化的先进性，不断推动中华民族的文化创新。因为只有依据时代的发展变化，不断推进中国特色社会主义文化的创新，才能始终反映先进文化的发展趋势，引领时代发展的前进方向。党的十八大以来，以习近平同志为核心的党中央从坚持和发展中国特色社会主义、实现中华民族伟大复兴中国梦的政治高度建设中华民族特色文化，推进社会主义文化强国建设，要求当代中国共产党人和中国人民应该而且一定能够担负起新的文化使命，在实践创造中进行文化创造，在历史进步中实现文化进步。

第一，确保了中国共产党的领导地位。在中国特色社会主义建设的伟大实践中，最本质的特征是中国共产党的领导，推动民族文化创新发展，我们一直注重发挥中国共产党领导这一最大优势，明确中国共产党是最高政治领导力量，增强了“四个意识”、坚定了“四个自信”、做到了“两个维护”。我们始终坚信，中国共产党的领导是民族文化创新发展，推动中国特色社会主义文化发展，坚定中国特色社会主义文化自信的最高政治力量。党的十八大以来，以习近平同志为核心的党中央以社会主义核心价值观引领文化建设，注重用社会主义先进文化、革命文化、中华优秀传统文化培根铸魂，推动实现文化自觉，推动社会主义文化繁荣兴盛，为中华民族伟大复兴注入了强大精神动力和精神滋养。

第二，坚持了以人民为中心的工作导向。人民性贯穿于党和国家全部理论与实践中，是建设社会主义文化强国的出发点和落脚点。因此，我们始终确保以人民为中心的文化建设导向，坚持为人民群众服务的工作方向，坚持人民群众在文化建设中的主体地位，让人民群众享受到文化发展成果。党的十八以来，以习近平同志为核心的党中央举旗帜、聚民心、育新人、兴文化，坚持以人民为中心的根本价值立场，做到了一切为人民群众、始终相信人民群众、切实依靠人民群众、虚心向人民群众学习、充分激发人民群众在文化创造创新中的活力和动力，以人民群众的标准来衡量文化建设的成效，推进建设社会主义文化强国，从而激发了全民族文化创新创造活力，为中华民族伟大复兴凝聚了人民智慧和人民力量。

第三，推进了中华优秀传统文化的创新。加强对中华优秀传统文化去粗取精、去伪存真，在继承的基础上进行创造性转化和创新性发展，是中国共产党自强不息、锐意创新的光荣传统。中华优秀传统文化是中华民族的突出优势，是我们在世界文化激荡中站稳脚跟的根基，必须结合新的时代条件传承和弘扬好。我们始终坚守中华文化立场、传承中华文化基因，展现中华审美风范。党的十八大以来，以习近平同志为核心的党中央推动传统文化学科体系、学术观点和科研方法的创新来推进传统文化的创新，在遵循文化规律的基础上，在时代的高起点上，推动了文化内容形式、体制机制、传播手段的创新，实施了中华优秀传统文化传承发展工程，推动了中华优秀传统文化创造性转化、创新性发展，增强了全社会文物保护意识，加大了文化遗产保护力度，推进中国特色社会主义文化发展，为中华民族伟大复兴融入了民族基因和民族情感。

五、奉行独立自主的外交政策

独立自主是中国共产党一贯主张和奉行的基本原则,实质上是坚持中国人民根据自身利益和国情所选定的社会主义道路和内外政策，坚定走自己的路，选择自己处理问题的方法，而决不容许任何外来势力的干涉、侵犯和支配。新中国成立后，在处理对外关系中，中国共产党始终奉行独立自主的外交政策，将之作为对外政策的根本立足点，对内而言，就是维护国家的独立和主权，以实现维护国家和民族的最高利益；对外而言，就是维护世界的和平与发展，以实现符合中国人民和世界人民的共同愿望和利益。

1. 独立自主外交政策的发展

自 1840 年鸦片战争以后，中国不断遭受西方列强的侵略、干涉和欺侮，中华民族遭受了前所未有的劫难。中国共产党领导人民取得新民主主义革命胜利，成立中华人民共和国，实现民族独立、人民解放，彻底结束了旧中国半殖民地半封建社会的历史，彻底废除了列强强加给中国的不平等条约和帝国主义在中国的一切特权。新中国成立后，在中国共产党领导下，坚持独立自主的政策，坚决划清与旧中国屈辱外交的界线，倡导和坚持和平共处五项原则，在平等互利的新基础上同各国建立新的外交关系，捍卫国家主权、安全和领土完整，维护民族尊严，反对帝国主义、霸权主义、殖民主义、种族主义，彻底结束了旧中国的屈辱外交。

1949 年 4 月 30 日，毛泽东在《中国人民解放军总部发言人为英国军舰暴行发表的声明》中明确指出：愿意考虑同各外国建立外交关系，这种关系必须建立在平等、互利、互相尊重主权和领土完整的基础上，首先是不能帮助国民党反动派。从而，阐明了新中国成立后对外关系的基本原则和立场。为此，中共中央制定了“另起炉灶”“打扫干净屋子再请客”“一边倒”的三大外交政策。9 月 30 日，中国人民政治协商会议通过的《中国人民政治协商会议共同纲领》，明确规定：中华人民共和国外交政策的原则，为保障本国独立、自由和领土主权的完整，拥护国际的持久和平和各国人民间的友好合作，反对帝国主义的侵略政策和战争政策。10 月 1 日，毛泽东在天安门城楼上向全世界宣告："本政府为代表中华人民共和国全体人民的唯一合法政府。凡愿遵守平等、互利及互相尊重领土主权等项原则的任何外国政府，本政府均愿与之建立外交关系。"① 与此同时，周恩来指出："我们对外交问题有一个基本的立场，即中华民族独立的立场，独立自主、自力更生的立场。"② 这成为新中国奉行独立自主外交政策的基石。

中国共产党在对外关系上，经历了 20 世纪 50 年代的"一边倒"，到 20 世纪 60 年代的"两条线"，再到 20 世纪 70 年代的"一条线、

---

① 中共中央文献研究室. 建国以来重要文献选编：第 1 册［M］. 北京：中央文献出版社，1992：21.

② 周恩来. 周恩来选集：上卷［M］. 北京：人民出版社，1980：321.

一大片”的三个阶段。中国始终奉行独立自主外交政策，即使是“一边倒”也是如此。1958年，中国坚决抵制住苏联提出的损害中国主权的关于在中国建立长波电台以及联合舰队的要求。1971年10月25日，中国在联合国第26届代表大会上恢复联合国合法席位，恢复了在联合国的一切合法权利。到1976年与中国建交的国家有110多个，包括了当时世界上绝大多数国家。这一切都充分反映了国际社会的人心向背，证明中国在国际社会一贯奉行独立自主的外交政策取得了伟大的成就。

独立自主是中国外交一以贯之的基本原则，坚决维护国家主权、安全、发展利益，决不屈服于任何外来压力。党的十一届三中全会以来，中国共产党科学判断时代特征和国际形势，提出和平与发展是当今时代的主题，坚持独立自主的外交政策，调整同主要大国的关系，发展同周边国家的睦邻友好关系，深化同广大发展中国家的友好合作，积极参与国际和地区事务。1984年5月29日，在会见巴西总统菲格雷多时，邓小平明确指出："中国的对外政策是独立自主的，是真正的不结盟。中国不打美国牌，也不打苏联牌，中国也不允许别人打中国牌。"① 到世纪之交，中国建立起全方位多层次的对外关系新格局。党的十六大进一步提出：不管国际风云如何变幻，我们始终不渝地奉行独立自主的和平外交政策。中国外交政策的宗旨，是维护世界和平，促进共同发展。我们愿同各国人民一道，共同推进世界和平与发展的崇高事业。

事实胜于雄辩。中国共产党奉行独立自主外交政策不是权宜之计，而是我们的战略选择和郑重承诺，始终为之恪守和践行，维护了世界和平、促进了共同发展。进入中国特色社会

---

① 邓小平. 邓小平文选：第3卷［M］. 北京：人民出版社，1993：57.

主义新时代，以习近平同志为核心的党中央高举和平、发展、合作、共赢旗帜，奉行独立自主的外交政策，坚持走和平发展道路，推进中国特色大国外交，推动构建人类命运共同体，弘扬和平、发展、公平、正义、民主、自由的全人类共同价值，坚持合作、不搞对抗，坚持开放、不搞封闭，坚持互利共赢、不搞零和博弈，反对霸权主义和强权政治，推动历史车轮向着光明的目标前进！

2. 独立自主外交政策的原则

独立自主外交政策就是在国际事务中，根据事情本身的是非曲直，对国际问题自主地决定自己的态度和对策，不屈从于任何外来压力，不同任何大国和国家集团结盟，坚决捍卫国家的独立、主权和完整。中国始终坚定奉行独立自主外交政策，尊重各国人民自主选择发展道路的权利，维护国际公平正义，反对把自己的意志强加于人，反对干涉别国内政，反对以强凌弱。中国决不会以牺牲别国利益为代价来发展自己，也决不放弃自己的正当权益，任何人不要幻想让中国吞下损害自身利益的苦果。中国努力以对话弥合分歧、以谈判化解争端，在相互尊重、平等互利基础上，积极发展同各国友好合作关系。作为世界上最大的发展中国家，中国向世界作出了永远不称霸、永远不搞扩张的庄严承诺，忠实履行自己的国际义务，在对外政策中既坚持独立自主，又致力于发展与所有友好国家的和平外交关系，充分体现了中国人民和中国共产党维护和捍卫国家主权，渴望和平、反对战争，主张建立一个公正、民主、平等、自由的国际新秩序的准则和主线。中国坚持奉行独立自主政策赢得了国际社会的普遍赞赏和尊重。

中国始终坚持中国外交政策的制定和执行必须由中国人民作主，反对任何外来干涉和强制。中国是工人阶级领导的、以工农联盟为基础的人民民主专政的社会主义国家，这决定了外交政策必须由人民作主，也必须满足人民群众的利益和意志。中国始终坚持外交大权在党中央，在党领导下统筹谋划和推进对外工作，确保令行禁止、步调统一。新中国成立后，以维护党中央权威和集中统一领导为统领，加强党对对外工作的集中统一领导，形成党总揽全局、协调各方的对外工作大协同局面，确保党中央对外方针政策和战略部署落到实处。中国始终坚持维护中国的独立和主权，坚定不移维护国家主权、安全、发展利益。一直以来，中国在处理对外关系时，以国家利益为根本，维护国家主权、安全、发展利益，把国家独立、主权、安全放在第一位，为我国改革发展稳定争取了良好外部条件。中国始终坚持从中国人民和世界人民的根本利益出发，依据国际问题本身的是非曲直作出判断和决策。历来中国都是依据事情本身的是非曲直，独立自主地决定自己的立场和政策，不以意识形态和社会制度画线、决定亲疏，不将自身价值观强加于人，不屈服于任何大国的压力，不同任何国家和国家集团结盟，不干涉别国内部事务，也不允许任何国家干涉中国内政，新中国始终不渝反对霸权主义和强权政治，自己也永远不称霸。

3. 新时代推进特色大国外交战略

2014 年 11 月，习近平总书记在中央外事工作会议上，明确提出了推进中国特色大国外交的战略思想。他指出："中国必须有自己特色的大国外交。我们要在总结实践经验的基础上，丰富和发展对外工作理念，使我国对外工作有鲜明的中国特色、中国风格、中国气派。"① 这是新时代中国外交工作的根本指针和基本遵循。

① 本书编写组. 中国共产党简史［M］. 北京：人民出版社、中共党史出版社，2021：448.

党的十八大以来，以习近平同志为核心的党中央面对复杂严峻的国际形势和前所未有的外部风险挑战，统筹国内国际两个大局，恪守独立自主的外交政策不动摇，创造性地提出了中国特色大国外交的新命题，健全了党对外事工作领导体制机制，加强了对外工作顶层设计，就中国特色大国外交作出战略谋划，推动建设新型国际关系，推动构建人类命运共同体，弘扬和平、发展、公平、正义、民主、自由的全人类共同价值，不断引领人类社会发展进步的潮流。

新时代，习近平总书记领导全党全国各族人民统筹把握中华民族伟大复兴战略全局和世界百年未有之大变局，基于独立自主的外交政策，以中国特色社会主义为根本，高举和平、发展、合作、共赢旗帜，坚持独立自主和对外开放相统一，以国家核心利益为底线，提出并实践了对外关系的新思想新理念新战略，形成习近平外交思想，推动中国特色大国外交方略实施。具体包括：坚持以维护党中央权威为统领加强党对对外工作的集中统一领导，坚持以实现中华民族伟大复兴为使命推进中国特色大国外交，坚持以维护世界和平、促进共同发展为宗旨推动构建人类命运共同体，坚持以中国特色社会主义为根本增强战略自信，坚持以共商共建共享为原则推动“一带一路”建设，坚持以相互尊重、合作共赢为基础走和平发展道路，坚持以深化外交布局为依托打造全球伙伴关系，坚持以公平正义为理念引领全球治理体系改革，坚持以国家核心利益为底线维护国家主权、安全、发展利益，坚持以对外工作优良传统和时代特征相结合为方向塑造中国外交独特风范。

“一带一路”倡议是中国特色大国外交的伟大实践。2017 年 5 月，习近平总书记在首届“一带一路”国际合作高峰论坛上，进一步强调要将“一带一路”建成和平之路、繁荣之路、开放之路、创新之路、文明之路。此次高峰论坛有29个国家的元首和政府首脑出席论坛，140多个国家、80多个国际组织的1600多名代表参会，领导人圆桌峰会发表了联合公报，为推动各方合作共建“一带一路”取得广泛共识。截至2017年9月，已有74个国家和国际组织与中方签署共建“一带一路”合作文件。共建“一带一路”国家由亚欧延伸至非洲、拉美、南太平洋等区域。2020年中欧班列全年开行1.24万列、发送113.5万标箱，同比分别增长50%、56%，年度开行数量首次突破1万列，单月开行均稳定在1000列以上，成为助力“一带一路”沿线各国抗疫的“钢铁驼队”。

中国特色大国外交积极发挥了参与全球治理体系改革和建设的作用，努力为全球治理贡献中国智慧和力量。2016年9月，在二十国集团领导人杭州峰会上，中国引导协调各方在创新增长、结构性改革、多边投资、气候变化、可持续发展等重要问题上制定出一系列指导原则和指标体系，发表《二十国集团领导人杭州峰会公报》，核准 28 份核心成果文件，有力推动二十国集团从危机应对向长效治理机制转型。与此同时，“南南合作”迈上了新的台阶。2018 年是中国外交的“南南合作年”，从中拉、中阿到中非合作论坛，中国同发展中国家集体对话实现了全覆盖，2018 年 9 月，中非合作论坛北京峰会成功召开，树立了中国对非合作的标杆，展示了国际发展合作的准则。自新冠肺炎疫情发生以来，中国积极开展抗击新冠肺炎疫情国际合作，发起新中国成立以来最大规模的全球紧急人道主义行动，向众多国家特别是发展中国家提供物资援助、医疗支持、疫苗援助和合作，展现负责任的大国形象。经过持续努力，中国特色大国外交新局面不断开拓，构建人类命运共同体成为引领时代潮流和人类前进方向的鲜明旗帜，中国外交在世界大变局中开创新局、在世界乱局中化危为机，我国国际影响力、感召力、塑造力显著提升。

第六章

新征程继续坚持独立自主

独立自主是中华民族的优良传统，是党从中国实际出发、依靠人民力量进行革命、建设、改革的必然结论。当前，中国共产党已经开启了第二个百年新征程，向着全面建成社会主义现代化强国的目标奋勇前进，这决定了我们必须把国家和民族发展放在自己力量的基点上，增强民族自尊心和自信心，坚定不移走自己的路。

一、强化独立自主的意识

独立自主是马克思主义关于革命和建设的基本原则,是无产阶级进行革命和建设并取得胜利的基本经验。新征程上，我们必须强化独立自主的意识。

1. 保持“走自己的路”的政治定力

马克思主义是普遍真理，但只有与一国的国情、传统、文化等相结合才有生命力。1938年，毛泽东在党的六届六中全会上作了《论新阶段》的报告，强调：没有抽象的马克思主义，只有具体的马克思主义。“马克思主义的中国化，使之在其每一表现中带着中国的特性，即是说，按照中国的特点去应用它，成为全党亟待了解并亟须解决的问题。”① 邓小平在党的十二大开幕式上指出：“把马克思主义的普遍真理同我国的具体实际结合起来，走自己的道路，建设有中国特色的社会主义，这就是我们总结长期历史经验得出的基本结论。”② 习近平总书记强

---

① 中共中央文献研究室编. 建党以来重要文献选编（1921—1949）：第15册［M］. 北京：中央文献出版社，2011：651.

② 邓小平. 邓小平文选：第3卷［M］. 北京：人民出版社，1993：2-3.

调，要“坚持把马克思主义基本原理同中国具体实际相结合、同中华优秀传统文化相结合”①，用马克思主义的立场、观点、方法观察时代、把握时代、引领时代，不断深化对共产党执政规律、社会主义建设规律、人类社会发展规律的认识。

走自己的路，是党的全部理论和实践的立足点，更是党百年奋斗得出的历史结论。一百年来，中国共产党团结带领中国人民，成功开辟出“农村包围城市、武装夺取政权”的新民主主义革命道路和“一化三改”的社会主义改造道路。改革开放以来，我们党和人民历经千辛万苦、付出巨大代价，成功地开创、坚持和发展了中国特色社会主义。实践证明，中国特色社会主义道路、理论、制度、文化是完全正确的，中国特色社会主义是实现中华民族伟大

---

① 中共中央关于党的百年奋斗重大成就和历史经验的决议［M］．北京：人民出版社，2021：67.

复兴的正确道路。新征程上，我们要始终保持政治定力，依靠自己的力量继续坚持和完善中国特色社会主义制度、推进国家治理体系和治理能力现代化，统筹推进“五位一体”总体布局、协调推进“四个全面”战略布局。我们既不走封闭僵化的老路，也不走改旗易帜的邪路，而要在中国式现代化道路上昂首阔步走下去。

2. 坚定“中国人有能力办好自己的事”的信心

新中国成立前夕，毛泽东曾信心满怀地指出，让那些内外反动派在我们面前发抖吧，让他们去说我们这也不行那也不行吧，中国人民的不屈不挠的努力必将稳步地达到自己的目的。改革开放以来，邓小平强调我们有信心把中国的事情做得更好。进入中国特色社会主义新时代，习近平总书记多次指出中国有信心走好自己的路、办好自己的事。

中国共产党团结带领中国人民浴血奋战、

百折不挠，推翻帝国主义、封建主义、官僚资本主义三座大山，建立了人民当家作主的中华人民共和国，实现了民族独立、人民解放，创造了新民主主义革命的伟大成就。这个伟大成就，彻底结束了旧中国半殖民地半封建社会的历史，彻底结束了极少数剥削者统治广大劳动人民的历史，彻底结束了旧中国一盘散沙的局面，彻底废除了列强强加给中国的不平等条约和帝国主义在中国的一切特权，实现了中国从几千年封建专制政治向人民民主的伟大飞跃。中国共产党和中国人民以英勇顽强的奋斗向世界庄严宣告，中国人民从此站起来了，中华民族任人宰割、饱受欺凌的时代一去不复返了，中国发展从此开启了新纪元。

中国共产党团结带领中国人民自力更生、发愤图强，进行社会主义革命，消灭在中国延续几千年的封建剥削压迫制度，确立社会主义基本制度，推进社会主义建设，战胜帝国主义、霸权主义的颠覆破坏和武装挑衅，实现了中华民族有史以来最为广泛而深刻的社会变革，创造了社会主义革命和建设的伟大成就。这个伟大成就，实现了一穷二白、人口众多的东方大国大步迈进社会主义社会的伟大飞跃。中国共产党和中国人民以英勇顽强的奋斗向世界庄严宣告，中国人民不但善于破坏一个旧世界、也善于建设一个新世界，只有社会主义才能救中国，只有社会主义才能发展中国。

中国共产党团结带领中国人民解放思想、锐意进取，实现新中国成立以来党的历史上具有深远意义的伟大转折，确立党在社会主义初级阶段的基本路线，坚定不移推进改革开放，战胜来自各方面的风险挑战，开创、坚持、捍卫、发展中国特色社会主义，实现了从高度集中的计划经济体制到充满活力的社会主义市场经济体制、从封闭半封闭到全方位开放的历史性转变，实现了从生产力相对落后的状况到经济总量跃居世界第二的历史性突破，实现了人民生活从温饱不足到总体小康、奔向全面小康的历史性跨越，创造了改革开放和社会主义现代化建设的伟大成就。这个伟大成就，推进了中华民族从站起来到富起来的伟大飞跃。中国共产党和中国人民以英勇顽强的奋斗向世界庄严宣告，改革开放是决定当代中国前途命运的关键一招，中国特色社会主义道路是指引中国发展繁荣的正确道路，中国大踏步赶上了时代。

中国共产党团结带领中国人民自信自强、守正创新，统筹国内国际两个大局，统揽伟大斗争、伟大工程、伟大事业、伟大梦想，坚持稳中求进工作总基调，出台一系列重大方针政策，推出一系列重大举措，推进一系列重大工作，战胜一系列重大风险挑战，解决了许多长期想解决而没有解决的难题，办成了许多过去想办而没有办成的大事，推动党和国家事业取得历史性成就、发生历史性变革，取得了坚持党的全面领导、全面从严治党、经济建设、全面深化改革开放、政治建设、全面依法治国、文化建设、社会建设、生态文明建设、国防和军队建设、维护国家安全、坚持“一国两制”和推进祖国统一、外交工作13个方面的巨大成绩，创造了新时代中国特色社会主义的伟大成就。这个伟大成就，为实现中华民族伟大复兴提供了更为完善的制度保证、更为坚实的物质基础、更为强大的精神力量，推动中华民族伟大复兴进入了不可逆转的历史进程！中国共产党和中国人民以英勇顽强的奋斗向世界庄严宣告，中华民族迎来了从站起来、富起来到强起来的伟大飞跃。

中国共产党一百年的奋斗史和取得的伟大成就，充分证明了“中国人有能力办好自己的事”。当前，我们已经顺利实现了第一个百年奋斗目标，并开启实现第二个百年奋斗目标新征程，朝着实现中华民族伟大复兴的宏伟目标继续前进。新征程上，我们要以“咬定青山不放松”的执着，“不畏浮云遮望眼”的清醒，“乱云飞渡仍从容”的自信，保持经济持续健康发展和社会大局稳定，把思想和行动统一到党中央对形势的判断和决策部署上来，坚定不移把自己的事情办好。

3. 恪守“国家利益高于一切”的基本准则

要坚决维护国家独立、主权和尊严。中国作为世界上最大的发展中国家，在获得独立之后，如何捍卫已获得的主权和尊严，仍是外交战线上的基本任务。新中国建立以来，我们在对外关系中坚决实行独立自主的基本原则，维护了国家的主权和尊严，取得了许多辉煌的成就。中国共产党百年奋斗历程表明：国家独立自主的成果，是长期斗争得来的，要巩固和发展这个胜利成果，还需要付出巨大的努力；中国的命运永远要由中国自己主宰；国家的独立来之不易，一定要全力捍卫，使之永远不再失去。当今世界正经历百年未有之大变局，国际力量对比深刻调整，单边主义抬头，霸权主义和强权政治又有很多新表现，国际环境日趋复杂，不稳定性不确定性明显增加。我们应该统筹中华民族伟大复兴战略全局和世界百年未有之大变局，一如既往地维护我国的独立和主权。在涉及民族利益和国家主权问题上，决不屈服于任何外来势力。

坚决捍卫国家安全。增强忧患意识，做到居安思危，是治党治国必须始终坚持的一个重大原则。我们党要巩固执政地位，要团结带领人民坚持和发展中国特色社会主义，保证国家安全是头等大事。当前我国国家安全内涵和外延比历史上任何时候都要丰富，时空领域比历史上任何时候都要宽广，内外因素比历史上任何时候都要复杂，必须坚持总体国家安全观。贯彻落实总体国家安全观，必须既要重视外部安全，又要重视内部安全，对内求发展、求变革、求稳定、建设平安中国，对外求和平、求合作、求共赢、建设和谐世界。既要重视国土安全，又要重视国民安全，坚持以民为本、以人为本，坚持国家安全一切为了人民、一切依靠人民，真正夯实国家安全的群众基础。既要重视传统安全，又要重视非传统安全，构建集政治安全、国土安全、军事安全、经济安全、文化安全、社会安全、科技安全、网络安全、生态安全、资源安全、核安全、海外利益安全、生物安全、太空安全、极地安全、深海安全等于一体的国家安全体系。既要重视发展问题，又要重视安全问题，发展是安全的基础，安全是发展的条件，富国才能强兵，强兵才能卫国。既要重视自身安全，又要重视共同安全，打造命运共同体，推动各方朝着互利互惠、共同安全的目标相向而行。治国必先治安。国泰民安是人民群众最基本、最普遍的愿望。我们一定要坚持底线思维、居安思危、未雨绸缪，坚持国家利益至上，以人民安全为宗旨，以政治安全为根本，以经济安全为基础，以军事、科技、文化、社会安全为保障，以促进国际安全为依托，统筹发展和安全，统筹开放和安全，统筹传统安全和非传统安全，统筹自身安全和共同安全，统筹维护国家安全和塑造国家安全。

高度重视处理对外开放的关系。当今世界是开放的世界，中国的发展离不开世界。随着中国自身的发展和综合国力的提高，日益走近世界舞台的中央，国际影响力不断扩大，世界的发展也越来越离不开中国。中国开放的大门，不会关闭，只有越开越大。

一方面，对外开放要高度珍惜并坚决维护中国人民经过长期奋斗得来的独立自主权利。中国的事情要按照中国的情况来办，要依靠中国人自己的力量来办。独立自主，自力更生，无论过去、现在和将来，都是我们的立足点。

我们坚定不移地实行对外开放政策，在平等互利的基础上积极扩大对外交流；同时时刻保持清醒的头脑，坚决抵制外来腐朽思想的侵蚀，决不允许资产阶级生活方式在我国泛滥。习近平总书记强调："我们要坚决维护国家主权、安全、发展利益，任何外国不要指望我们会拿自己的核心利益做交易，不要指望我们会吞下损害我国主权、安全、发展利益的苦果。"①

另一方面，在对外开放中要更加强化独立自主。坚持独立自主、自力更生同对外开放是相辅相成的。独立自主、自力更生是实行对外开放的基础；对外开放是为了增强独立自主、自力更生的能力。对外开放，才能顺应经济全球化大势和科技发展机遇，才能借鉴和吸收人

① 习近平. 在纪念毛泽东同志诞辰一百二十周年座谈会上的讲话//论中国共产党历史 [M]. 北京：中央文献出版社，2021：65.

类文明的一切优秀成果为我所用，才能开拓国际市场、利用国外资源从而加快自身的社会主义现代化建设。实行对外开放，使中国成功实现了从封闭半封闭到全方位开放的伟大历史转变，中国已经越来越多地融入世界，在促进自身快速发展的同时也为世界的繁荣发展作出了重要贡献。这充分说明，对外开放增强了中国独立自主的能力。总之，坚持独立自主、自力更生，积极实行对外开放，都是为了更好更快地推进社会主义现代化建设。

4. 牢记“促进世界和平与发展”的基本目标

世界和平是社会主义现代化建设不可或缺的外部条件。我国奉行独立自主的和平外交政策，维护世界和平、促进共同发展，是我国外交政策的一大基本目标。和平与发展是当今时代的主题，但是霸权主义、强权政治依然存在，保护主义、单边主义不断抬头，传统安全和非传统安全问题复杂交织，始终威胁着世界的和平与发展。在新的征程上，中国不仅自己永远不称霸，永远不搞扩张，同时还要反对任何形式的霸权主义、强权政治和侵略扩张行为。为了维护世界和平，中国要努力做到不同任何国家或国家集团结盟，不参加任何军事集团。在处理国际事务中，我国要严格遵守联合国宪章和国际关系准则，坚持实事求是和伸张正义的原则立场。中国要反对军备竞赛，主张根据公正、合理、全面、均衡的原则，实行有效的裁军和军控。同时，为了减少和消除地区紧张局面和冲突的根源，我们主张通过和平谈判协商解决国与国之间的争端，反对诉诸武力和以武力相威胁。

5. 把握“真正的核心技术买不来”的铁律

当今世界，国与国的竞争空前激烈，每个国家都有自己的优势和长处。对于核心技术，各国都严格保密、严密封锁，核心技术是要不来、买不来、换不来、讨不来的。

新中国成立后，中国实行“一边倒”的外交政策，一定程度上获得了以苏联为首的社会主义国家尤其是苏联的支援，但苏联对于核心技术也是严加管控的。1958 年在内政外交上中苏发生严重分歧，苏联就更不可能在核心技术上对中国援助了。毛泽东后来说：“从一九五八年起，我们就确立了自力更生为主、争取外援为辅的方针。”[①] 日本人曾奚落陈毅元帅，你们中国人穷得连裤子都快没得穿了，还搞什么原子弹？陈毅元帅虎虎有生气地回答，就是当掉裤子也要搞出原子弹。赫鲁晓夫曾轻蔑地说：核潜艇，你们搞不了。毛主席却说：核潜艇，一万年也要搞出来。中国就是在极其艰苦的条件下，凭着一种“下定决心，不怕牺牲，排除

---

① 中共中央文献研究室编. 毛泽东文集：第 8 卷［M］. 北京：人民出版社，1999：305.

万难，去争取胜利”的精气神，研制出了“两弹一星”和核潜艇等一大批高精尖的东西。历史证明：过去也好，今天也好，将来也好，中国必须发展自己的高科技，在世界高科技领域占有一席之地。这些东西反映一个民族的能力，也是一个民族、一个国家兴旺发达的标志。党的十八大以来，习近平总书记不止一次指出“在引进高新技术上不能抱任何幻想，核心技术尤其是国防科学技术是花钱买不来的”。核心技术是“定海神针”“不二法器”，人家是不会提供给你的。

在新征程上，我们要始终坚信：自力更生是中华民族自立于世界民族之林的奋斗基点，自主创新是我们攀登世界科技高峰的必由之路。只有把核心技术掌握在自己手中，才能真正掌握竞争和发展的主动权，才能从根本上保障国家经济安全、国防安全和其他安全。因此，我们不会用别人的昨天来装扮自己的明天，不能指望依赖他人的科技成果来提高自己的科技水平，更不会做其他国家的技术附庸，跟在别人的后面亦步亦趋。为此，我们要持续开展核心技术攻关，在卡脖子问题上持续发力，经过不懈奋斗，形成我国自己的核心竞争力。

二、学习借鉴国外有益经验

独立自主不是闭关自守，自力更生不是盲目排外。新中国成立后，毛泽东多次提出要认真学习外国的好经验。邓小平曾深刻指出："学习先进，才有可能赶超先进……我们不仅因为今天科学技术落后，需要努力向外国学习，即使我们的科学技术赶上了世界先进水平，也还要学习人家的长处。"① 习近平总书记指出："实

① 邓小平. 邓小平文选：第2卷［M］. 北京：人民出版社，1994：91.

践告诉我们，要发展壮大，必须主动顺应经济全球化潮流，坚持对外开放，充分运用人类社会创造的先进科学技术成果和有益管理经验。”①

当然，我们必须把握的是，学习外国经验绝对不是照搬照抄外国的模式，人类历史上没有一个民族、一个国家可以通过依赖外部力量、照搬外国模式、跟在他人后面亦步亦趋实现强大和振兴。那样做的结果，不是必然遭遇失败，就是必然成为他人的附庸。学习借鉴外国有益经验，必须结合中国的国情，归根到底是为了增强自身自力更生的能力。

1. 学习借鉴国外先进的科学技术和管理经验

改革开放四十多年的历程，从某种程度上说也是学习借鉴国外先进的科学技术和管理经

① 习近平. 深入理解新发展理念//习近平谈治国理政：第二卷［M］. 北京：外文出版社，2017：211.

验的过程。中国的改革开放由点到面，从设立经济特区到开放沿海沿江沿边城市再到内地城市，逐步形成“全方位、多层次、宽领域”的对外开放格局。中国于 2001 年 12 月 11 日正式加入世界贸易组织，积极参与国际经济合作与竞争，有效利用国际贸易规则，“在游泳中学会了游泳”。加入世贸组织二十年来，中国坚持全面改革开放，充分融入世界市场和全球价值链，取得了举世瞩目的经济发展成就，经济总量增长近 11 倍，对世界经济增长的平均贡献率接近 30%。作为目前世界第二大经济体、第一大货物贸易国、第一大外资吸收国和主要对外投资国，中国融入多边贸易体制使世界广泛受益，为世界经济提供了广阔的市场机遇和巨大的经济发展红利。党的十八届三中全会实现改革由局部探索、破冰突围到系统集成、全面深化的转变，开创了我国改革开放新局面。我们共建“一带一路”、设立自由贸易试验区、谋划中国特色自由贸易港、成功举办四届中国国际进口博览会。今天的中国，不仅“引进来”而且“走出去”，改革开放提升到了新高度。

新征程上，我们应该更加积极、大胆而又有底线有原则地学习借鉴国外先进的技术和管理经验，为全面建设社会主义现代化强国服务。比方说，在智慧城市建设方面，美国、法国、英国、日本、韩国等发达国家走在世界前列，积累了丰富的经验。日本把智慧城市视为数字社会基础之上的更高形态，智慧城市被定位为人类借助高科技手段解决能源环境、健康养老以及产业创新等城市问题、探索城市未来形态的社会工程，强调智慧来自人而非高新技术，避免了陷入技术至上乃至技术异化带来的恐慌。① 美国旧金山智能交通建设积累了“重视前期的规划、规范标准制定和顶层设计”“跨部

① 李国庆. 日本智慧城市建设特征及对中国的启示［J］. 中共福建省委党校学报，2017（6）：17.

门间的数据资源共享”“分阶段的实现计划”“物联网、无人驾驶、智能网联汽车等先进技术的高度应用”等经验。① 作为世界领先的智慧城市建设实践者，伦敦在凸显以人和企业为核心、充分利用城市数据提高公共服务水平、建设数字技术和人工智能高地、融合数字基础设施与城市基础设施等方面进行了积极的探索，并取得了卓有成效的进展。② 党的十九大提出了以数字中国、智慧社会等为内容的创新型国家战略。在智慧城市建设方面我国存在信息分割、监管乏力、公众满意度不高、公众对网络安全认识不足等问题。我们应该大胆借鉴上述发达国家的成功经验。再比方说，在医疗方面，美国等西方国家的药物研发、诊疗技术等有不少

---

① 郭伟娜、田大江、张胜雷. 美国旧金山发展智能交通的经验及其对我国智慧城市建设的启示［J］. 智能建筑与智慧城市，2018（1）：30-31.

② 楚天骄. 伦敦智慧城市建设经验及其对上海的启示［J］. 世界地理研究，2019（4）：76.

可供学习的地方。还比方说，中国金融业蓬勃发展，对外开放力度越来越大，我们应该借鉴世界先进银行经验，提升中国商业银行风险管理能力。总之，每个国家和民族都有自己的优势和长处，我们应该博采众长、取长补短。

2. 学习借鉴国外政治经济建设的有益经验

中国共产党是执政党，必须开阔视野、打开眼界，借鉴国外执政党治国理政的经验教训，更好地从世界政治经济发展的大格局中把握党的执政规律。

要借鉴机构改革的经验。改革开放以来，我们进行了多次行政管理体制改革，其中借鉴了国外的一些有益经验。举例来说，2018 年 2 月 26 日，习近平总书记在关于深化党和国家机构改革决定稿和方案稿的说明中提到要组建应急管理部。方案拟把国家安全生产监督管理总局的职责和国办、公安部、民政部、国土资源部、水利部、农业部、林业局、中国地震局涉及应急管理的职责，以及国家防汛抗旱总指挥部、国家减灾委员会、国务院抗震救灾指挥部、国家森林防火指挥部的职责整合，组建应急管理部。这样做，首先考虑了我国实际情况，但“也借鉴了国外管理经验”，有利于整合优化应急力量和资源，建成一支综合性常备应急骨干力量，推动形成统一指挥、专常兼备、反应灵敏、上下联动、平战结合的中国特色应急管理体制。在机构改革方面，我们还需要继续研究其他国家的发展历程、主要做法、实践成效等方面的状况，将适合我国国情的一些规律借鉴好、使用好。

要借鉴经济社会发展的经验。中国是世界上人口最多的国家，人多地少，农业的基础地位十分重要。如何夯实农业基础地位，发展农业生产，加快农业现代化，确保中国人的饭碗牢牢端在自己手中，十分重要。这方面，也可以学习借鉴西方发达国家的一些成功经验。比方说，发达国家的政府对农业的扶持和保护促进了农业现代化。美国政府颁布法律、制定政策，全方位地规范和引导农业健康发展；日本政府通过全面干预和强有力的宏观调控政策，使得分散的小农经济迅速纳入现代化的轨道；以色列政府以大量投资支持农业发展，通过全国垦荒和兴修水利，提高农业机械化程度，实现了农业大提升；法国的土地政策有利于土地集中，促成了法国农场的规模化经营，极大地提高了农业生产率；荷兰政府为使有限的土地得到高效的利用，采取了一系列符合国情和气候特点的农业发展战略及政策。

以上启示我们要高度重视政府在发展现代农业中的作用，我们可以从完善政府支持农业的制度安排、组织管理和支持政策体系，加大政府对农业的支持保护力度，加大农业投入改善农业基础设施建设，加快农业立法进程保障农业发展，建立和完善农业生产风险防范与保险机制等方面着力，从而巩固农业基础地位，确保国家粮食安全。

3. 学习借鉴国外政党自身建设的有益经验

他山之石，可以攻玉。在新的征途上，中国共产党应继续树立世界眼光，积极学习借鉴世界各国人民创造的文明成果，并结合中国实际加以运用。

腐败是党长期执政的严重威胁之一，反腐败是一场输不起也决不能输的重大政治斗争，不得罪成百上千的腐败分子，就要得罪十四亿人民，必须把权力关进制度的笼子里，依纪依法设定权力、规范权力、制约权力、监督权力。在这方面，我们可以学习借鉴西方一些政党尤其是新加坡人民行动党廉政建设的有益经验。历史上新加坡也曾贪污腐败盛行，行贿受贿成为人们的一种生活方式。但自 1959 年新加坡人民行动党执政后，在李光耀的领导下，经过一代人的努力，成功摸索出一条有效的反腐倡廉之路，创造了世界廉政建设史上的一个奇迹。

究其原因，有如下几点：一是新加坡人民行动党对廉政的政治定位。新加坡领导人视诚实廉洁为党和政府的第一生命。他们认为这既是党保持执政地位的根本基础，也是保证国家经济持续发展的关键所在。二是新加坡人民行动党廉政建设的关键支撑。反腐败的关键在于领导人，反贪必须从领导层做起。领导人必须以身作则才能上行下效，领导人必须铁腕护廉才能风清气正，领导人必须尊崇法律才能依法治国。三是新加坡人民行动党廉政建设的体系设计。新加坡反贪腐战略大厦由八部分组成，根基部分是当政者的政治意志，上面是国家依法治国的顶层设计，中间是严密有效的立法、独立强大的反贪机构、独立有效的司法、有效负责的行政、有效的以俸养廉、崇廉知耻的廉政文化六大支柱，代表“治”“堵”“督”“疏”“倡”等惩防贪腐的五方面努力。具体而言，从立法着手，建立系统严密、刑罚严厉的反腐败法律规范；从执法入手，建立独立而强大的反贪机构，确保对任何贪污进行有效追查；从监督入手，强调尊重司法独立和有效发挥社会力量，确保对政府的有力监督；从体制疏导入手，加快行政体制改革，推进依法高效行政，消除因政府功能不足或不规范产生的腐败；从物质疏导入手，实行有效的以俸养廉，使政府官员享有优厚薪俸而“不必贪”；从树立文明新风入手，多层面倡导廉政公德教育，使廉洁文化成为国民信仰和行为准则。

党的十八大以来，全面从严治党持续推进，但仍然有一些党的领导干部不收敛不收手，沦为可耻的腐败分子。事实证明，反腐败仍然任重道远，我们可以吸收借鉴新加坡人民行动党廉政建设的一些成功经验为我所用，推动廉政建设和反腐败斗争深入发展。

长期以来，中国共产党同世界上 160 多个国家和地区的 400 多个政党和政治组织保持着经常性联系，“朋友圈”不断扩大。新征程上，中国共产党应同世界各国政党加强往来，学习其治党的有益经验。

三、坚定民族自尊心自信心

当今世界，要说哪个政党、哪个国家、哪个民族能够自信的话，那中国共产党、中华人民共和国、中华民族是最有理由自信的。民族自尊心自信心是支撑中华民族从苦难到辉煌，从落后挨打到站起来、富起来、强起来的强大精神动力，也必然是在新的征程上攻坚克难的力量支撑。

1. 源自党的百年奋斗铸就的过硬本领

历史给中国共产党人的磨难，超过了所有其他政治团体和党派。磨难有来自外部的，如大革命失败、国民党对中央苏区的五次“围剿”、日本帝国主义对抗日根据地野蛮的“三光”政策、国民党悍然发动的内战、抗美援朝战争、抗美援越战争、东欧剧变和苏联解体等等，都给我们党带来冲击。磨难也有来自内部的，如张国焘分裂党和红军、王明的“左”倾和右倾错误等等。磨难还有来自自然界的，如1998年特大洪水、2003年非典、2008年汶川大地震以及新冠肺炎疫情等等。这些磨难，时刻考验着中国共产党。中国共产党历经百年风吹雨打，积淀了强大的革命精神，积累了丰富的斗争经验，磨炼了高超的领导能力。

新的征程上，我们要教育全党尤其是广大青少年更加深刻认识到，没有共产党就没有新中国，只有共产党才可以救中国，只有共产党才可以带领中华民族实现伟大复兴。我们要更加深刻认识到，中国特色社会主义最本质的特征是中国共产党领导，中国特色社会主义制度的最大优势是中国共产党领导，中国共产党是最高政治领导力量，全党必须增强“四个意识”、坚定“四个自信”、做到“两个维护”。我们要更加深刻认识到，中国共产党具有强大的理论优势、思想优势、政治优势、组织优势、制度优势，具有强大的学习能力、组织能力、战略能力、动员能力、领导能力，可以攻无不克、战无不胜，我们应该无比坚定对党的领导的自信！

2. 源自党的百年奋斗所形成的历史自觉

中国共产党是一个高度重视总结历史经验、也善于总结历史经验的马克思主义政党。中国共产党在百年英勇顽强的奋斗中，始终把握历史规律，把准历史大势，掌握历史主动，保持历史清醒，从而达到高度的历史自觉。

重视理论武装的自觉。拥有科学理论的政党，才拥有真理的力量。中国共产党在百年英勇顽强的奋斗中，坚持把马克思主义基本原理同中国具体实际相结合、同中华优秀传统文化相结合，创立了毛泽东思想，创立了邓小平理论，形成了“三个代表”重要思想，形成了科学发展观，创立了习近平新时代中国特色社会主义思想。我们要推动全党继续深入学习党的创新理论尤其是习近平新时代中国特色社会主义思想，在“学”上走深走实，力戒形式主义、官僚主义。在“悟”上入脑入心，掌握其重大意义、核心要义、精神实质等。我们要用其武装头脑、推动工作，在“干”上见行见效。科学理论指导的事业，定会拥有光明的前途。只要全党用习近平新时代中国特色社会主义思想武装起来，在建设社会主义现代化国家新征程上一定可以乘风破浪、奋勇前进！

维护领导核心的自觉。遵义会议以前，我们党没有成熟的领导集体和领导核心，革命屡遭挫折。遵义会议事实上确立了毛泽东同志在党中央和红军的领导地位，开始形成以毛泽东同志为核心的党的第一代中央领导集体。从此，中国共产党一往无前，战胜了一切内外敌人而决不向敌人屈服，不断从胜利走向胜利。而张国焘公然分裂党和红军、王明我行我素不听党中央指挥，极大地损害了党中央权威和集中统一领导，极大地破坏了党的团结，从反面教育了全党。党的十九届六中全会以中央全会和百年历史决议的形式确立习近平同志党中央的核心、全党的核心地位，确立习近平新时代中国特色社会主义思想的指导地位。“两个确立”反映了全党全军全国各族人民的共同心愿，对新时代党和国家事业发展、对推进中华民族伟大复兴历史进程具有决定性意义。① 共产党员尤其是党员领导干部要在思想上高度信赖核心、感情上衷心爱戴核心、政治上坚决维护核心、组织上自觉服从核心、行动上始终紧跟核心，更加坚定自觉地忠诚核心、拥护核心、跟随核心、捍卫核心，始终在思想上政治上行动上同以习近平同志为核心的党中央保持高度一致。党的百年历史证明：任何一个领导集体都要有一个核心，没有核心的领导是靠不住的，党的核心是党的事业成功的极端重要保证。

勇于自我革命的自觉。中国共产党有正视问题的自觉和刀刃向内的勇气，敢于消除一切损害党的先进性和纯洁性的因素，清除一切侵蚀党的健康肌体的病毒，不断增强党自我净化、自我完善、自我革新、自我提高的能力，不断增强党的政治领导力、思想引领力、群众组织

---

① 中共中央关于党的百年奋斗重大成就和历史经验的决议［M］. 北京：人民出版社，2021：26.

力、社会号召力，以永不懈怠的精神状态和一往无前的奋斗姿态，确保党始终成为中国特色社会主义事业的坚强领导核心。

3. 源自党的百年奋斗所铸就的伟大精神

一百年前，中国共产党的先驱们创建了中国共产党，形成了坚持真理、坚守理想，践行初心、担当使命，不怕牺牲、英勇斗争，对党忠诚、不负人民的伟大建党精神。①在伟大建党精神的指引下，一代又一代中国共产党人顽强拼搏、不懈奋斗，前赴后继、壮烈牺牲，形成了井冈山精神、长征精神、遵义会议精神、延安精神等伟大精神，构筑起中国共产党人的精神谱系。这是中国共产党鲜明的政治品格、强大的精神力量、宝贵的精神财富。

历史川流不息，精神代代相传。新的征程

---

① 习近平．在庆祝中国共产党成立 100 周年大会上的讲话［M］．北京：人民出版社，2021：8.

上，中国共产党人将继续弘扬伟大建党精神，赓续红色血脉，勇往直前，去跨越许多新的“雪山”“草地”，去征服许多新的“娄山关”“腊子口”。革命理想高于天。新的征程上，中国共产党人将始终坚定对马克思主义的信仰，对中国特色社会主义的信念，对实现中华民族伟大复兴中国梦的信心。大道之行，壮阔无垠。中国特色社会主义不是从天上掉下来的，是党和人民历尽千辛万苦、付出巨大代价取得的根本成就。中国特色社会主义道路是创造人民美好生活、实现中华民族伟大复兴的康庄大道。我们要把命运掌握在自己手中，就要有志不改、道不变的坚定；无论是全面深化改革、构建高水平社会主义市场经济体制，还是坚持农业农村优先发展、全面推进乡村振兴，抑或是实现人的全面发展和全体人民共同富裕，完成新征程上的各项目标任务，都要求我们传承弘扬伟大建党精神和共产党人的精神谱系。

四、坚决做到不信邪不怕压

历史已经证明，中国共产党在内忧外患中诞生、在历经磨难中成长、在攻坚克难中壮大，为了人民、国家、民族，为了理想信念，无论敌人如何强大、道路如何艰险、挑战如何严峻，党总是绝不畏惧、绝不退缩，不怕牺牲、百折不挠。历史也将进一步证明，中国人吓不倒，中国人民不信邪也不怕邪，不惹事也不怕事。

1. 不信邪不怕鬼

新中国刚成立时，以美国为首的西方国家对中国采取敌视政策，军事上威胁，政治上孤立，经济上封锁，企图颠覆中国共产党和新生的政权。尤其是1950年6月朝鲜内战爆发后，美国政府从全球战略和冷战思维出发，作出武装干涉朝鲜内战的决定，并派遣第七舰队侵入台湾海峡。1950年10月初，美军不顾中国政府一再警告，悍然越过“三八线”，把战火烧到中朝边境。侵朝美军飞机多次轰炸中国东北边境地区，给人民生命财产造成严重损失，我国安全面临严重威胁。当时的中国百废待兴、百业待举，一千个一万个不愿打仗。中美两国国力相差巨大，尤其是武器装备简直是一个天上一个地下。就是在这种极其艰苦、极端困难的条件下，党中央和毛主席以非凡气魄和胆略作出了抗美援朝、保家卫国的历史性决策。中国人民志愿军雄赳赳、气昂昂，跨过鸭绿江，和朝鲜人民军一道，与武装到牙齿的以美国为首的联合国军展开了殊死搏斗，最终用伟大胜利向世界宣告：西方侵略者几百年来只要在东方一个海岸上架起几尊大炮就可霸占一个国家的时代是一去不复返了！

毛泽东指出：“经验证明鬼是怕不得的。越

怕鬼就越有鬼，不怕鬼就没有鬼了。”[①] 正是因为中国共产党和中国人民不信邪不怕鬼，不畏强敌、不惧风险，敢于斗争、勇于胜利，我们取得了抗美援朝战争、中印边境自卫反击战争、中苏边境战争、对越自卫反击战争的胜利！

和平与发展是当今时代的主题，但世界并不安宁。中国国家安全形势面临前所未有的压力。美国不断在台海、南海等地炫耀武力，印度屡屡在中印边境挑起事端，美国纠集英国、加拿大、澳大利亚和新西兰形成“五眼联盟”重点对付中国，美国中央情报局专门成立首个针对中国的高层机构——“中国任务中心”，日本右翼势力野心重燃，“台独”分裂势力频频挑衅……这些都吓不倒中国共产党和中国人民！正如历史决议所说：“党中央深刻认识到，面对来自外部的各种围堵、打压、捣乱、颠覆活动，

---

① 中共中央文献研究室编. 毛泽东文集：第 8 卷［M］. 北京：人民出版社，1999：51.

必须发扬不信邪、不怕鬼的精神，同企图颠覆中国共产党领导和我国社会主义制度、企图迟滞甚至阻断中华民族伟大复兴进程的一切势力斗争到底，一味退让只能换来得寸进尺的霸凌，委曲求全只能招致更为屈辱的境况。”①

2. 不怕事不怕压

新中国成立初期，中苏有过一段“蜜月期”，苏联曾给予中国巨大支援。但后来苏联搞老子党作风和大国沙文主义，也由于中苏意识形态的分歧，中苏两党两国关系日益恶化。苏联单方面把专家全部撤回去，逼着中国还债，都是为了对中国施压。20世纪60年代，苏联在整个中苏、中蒙边界上加强军事设施，导弹不断增加，达到苏联全部导弹的三分之一，军队不断增加（包括派到蒙古的军队），总数达到了

① 中共中央关于党的百年奋斗重大成就和历史经验的决议[M]. 北京：人民出版社，2021：56.

100万人，对中国构成了极大的威胁。对这些，中国没有屈服，在自身非常困难的情况下提前还清了苏联的军火债。在中苏边境冲突中，中国誓死捍卫了国家主权和领土完整。

20世纪80年代末90年代初，东欧剧变、苏联解体。由于国际上反共反社会主义的敌对势力的支持和煽动，国际大气候和国内小气候导致1989春夏之交我国发生严重政治风波。美国纠集一些西方国家对中国施压，中国坚决顶住了。党和政府依靠人民，旗帜鲜明反对动乱，捍卫了社会主义国家政权，维护了人民根本利益。邓小平当时一针见血地指出："要维护我们独立自主、不信邪、不怕鬼的形象。我们绝不能示弱。你越怕，越示弱，人家劲头就越大。并不因为你软了人家就对你好一些，反倒是你软了人家看不起你。"①

① 邓小平. 邓小平文选：第3卷 [M]. 北京：人民出版社，1993：319-320.

中国共产党百年奋斗历程证明：中国人民不惹事也不怕事，在任何困难和风险面前，腿肚子不会抖，腰杆子不会弯，中华民族是吓不倒、压不垮的！

随着中国的发展壮大和日益走近世界舞台的中央，以美国为首的西方国家加紧对中国全天候全方位全领域的遏制、围堵、打压，无所不用其极。一是对中国发动贸易战、科技战。二是明目张胆插手香港事务，干涉中国内政。2021 年 9 月 24 日，中国外交部发布《美国干预香港事务、支持反中乱港势力事实清单》，揭露了美国“炮制涉港法案，抹黑中方对港政策，插手香港内部事务，大肆干涉中国内政”“悍然实施制裁，妄图阻挠香港国安法和中国全国人大有关决定在香港顺利实施”“污蔑诋毁特区事务，妄议香港警方执法行动，破坏香港繁荣稳定”“包庇支持反中乱港分子，为其兜售‘港独’主张、散播政治谎言提供平台，是非不分、颠倒黑白为违法分子说项”“多边串联施压，纠集盟友联手干涉香港事务，通过发表联合声明等方式对香港事务说三道四、指手画脚”等5大项102小项丑恶行径。三是企图“以台制华”。美国议员乘军机窜访台湾；美国故意曲解联合国第2758号决议，声称“台湾有意义地‘参与’联合国体系是务实问题而非政治问题”；美国还一直在提升对台军售的数量和水平。这些都是在不断挑战“一个中国”原则。在美国唆使下，立陶宛政府不顾中方严正交涉，允许台湾当局设立“驻立陶宛台湾办事处”，此举公然在国际上制造“一中一台”，开创了恶劣先例。此外，美国军舰还在台海附近耀武扬威、“大秀肌肉”，宣称“美国有确保台湾有能力自卫的承诺”，联合日本等国在中国周边搞军事演习，其目的不言而喻。四是借人权问题对中国施压。一时间，大有“黑云压城城欲摧”“山雨欲来风满楼”之势。

中国共产党何曾怕过事？中国人民何曾被压垮过？威胁恐吓、围堵遏制只能使我们越战越勇！

贸易战、科技战，我们从一开始就表明“不愿打、不怕打、必要时不得不打”的立场，针对美国的相关行径有理有利有节地实行对等的反制措施。

有一段时间，“反中乱港”活动猖獗，香港局势一度出现严峻局面。党中央审时度势，作出健全中央依照宪法和基本法对特别行政区行使全面管治权、完善特别行政区依据宪法和基本法实施相关制度机制的重大决策，推动建立健全特别行政区维护国家安全的法律制度和执行机制、制定《中华人民共和国香港特别行政区维护国家安全法》、完善香港特别行政区选举制度，落实“爱国者治港”原则，支持特别行政区完善公职人员宣誓制度。中央人民政府依法设立驻香港特别行政区维护国家安全公署，香港特别行政区依法设立维护国家安全委员会。中央坚定支持香港特别行政区依法止暴制乱、恢复秩序，支持行政长官和特别行政区政府依法施政，坚决防范和遏制外部势力干预港澳事务，严厉打击分裂、颠覆、渗透、破坏活动。①一系列标本兼治的举措，推动香港局势实现了由乱到治的重大转折。

“台独”分裂势力企图“倚美谋独”，美国一些人有意搞“以台制华”，美台勾连试图否定、挑战一个中国原则，造成当前台海局势日益紧张，把台湾推向越来越危险的境地。对此，中国政府义正词严地警告，一个中国原则不容挑战，联大第 2758 号决议不容歪曲。50 年前，少数国家曾试图拒绝一个中国原则、阻挠联大第 2758 号决议的通过，遭到失败。50 年后的今天，如果仍有人试图挑战一个中国原则、挑战

---

① 中共中央关于党的百年奋斗重大成就和历史经验的决议［M］. 北京：人民出版社，2021：58.

联大第2758号决议，只会遭受更大的失败。中国人民解放军军机实现常态化巡台，在台海附近进行多场实战化演习，厉兵秣马，枕戈待旦，随时准备给“台独”分裂势力和外部侵略者以毁灭性打击。对立陶宛的恶劣行径，中国政府宣布将中、立两国外交关系降为代办级，以维护国家主权和国际关系基本准则。中国外交部表示，中国人民不可辱，中国国家主权和领土完整不容侵犯。中国政府维护国家主权和发展利益的决心坚定不移，任何挑战中国核心利益的行径都不会得逞。

2021年11月16日，习近平主席同美国总统拜登举行视频会晤，阐述了中方在台湾问题上的原则立场。习近平主席严正指出：“我们是有耐心的，愿以最大诚意、尽最大努力争取和平统一的前景，但如果‘台独’分裂势力挑衅逼迫，甚至突破红线，我们将不得不采取断然措施。”① 解决台湾问题、实现祖国完全统一，是中国共产党矢志不渝的历史任务，是全体中华儿女的共同愿望，是实现中华民族伟大复兴的必然要求。台湾问题因民族积弱而产生，必将随着民族复兴而解决。台湾问题是中国的内政，不需要也不容许外国的干涉。我们相信，两岸的中国人有智慧、有能力解决好自己的问题，最终实现祖国的完全统一。

针对美国拿人权施压，中国政府多次发布美国侵犯人权的有关报告，其中《2020 年美国侵犯人权报告》从“疫情严重失控酿成人间悲剧”“美式民主失序引发政治乱象”“种族歧视恶化少数族裔处境”“社会持续动荡威胁公众安全”“贫富日益分化加剧社会不公”“践踏国际规则造成人道灾难”六个方面，详细揭露了美国人权

---

① 光明网. 习近平同美国总统拜登举行视频会晤［EB/OL］. https：//m. gmw. cn/baijia/2021-11/17/35315602. html.

的真实状况和大搞“双重标准”的丑恶嘴脸。

斗争有时总是不请自来，是不以人的意志为转移的。凡是危害中国共产党领导和我国社会主义制度的各种风险挑战，凡是危害我国主权、安全、发展利益的各种风险挑战，凡是危害我国核心利益和重大原则的各种风险挑战，凡是危害我国人民根本利益的各种风险挑战，凡是危害我国实现“两个一百年”奋斗目标、实现中华民族伟大复兴的各种风险挑战，只要来了，我们就必须进行坚决斗争，而且必须取得斗争胜利。

我们要在战略上藐视敌人，战术上重视敌人，保持战略自信的同时增强忧患意识、树立底线思维，做最坏的打算。我们要强化总体国家安全观，统筹发展和安全，下好先手棋、打好主动仗，有效防范化解各类风险挑战。我们要按照国民经济和社会发展第十四个五年规划和二〇三五年远景目标的谋划，做好各项工作，不断提升综合国力。我们尤其要“始终坚持战斗力这个唯一的根本的标准”，聚焦能打仗、打胜仗，仗怎么打兵就怎么练，全面加强部队建设，不断提高人民军队履行使命任务能力，保证“召之即来、来之能战、战之必胜”！

五、不断拓宽独立自主领域

走自己的路，是党百年奋斗得出的历史结论。党历来坚持独立自主开拓前进道路，坚持把国家和民族发展放在自己力量的基点上，坚持中国的事情必须由中国人民自己作主张、自己来处理。要坚持独立自主，关键是要增强中国人民独立自主能力，确保中国人民能够依靠自己的力量把中国的事情办好。

1. 埋头苦干办好自己的事

党的十九届六中全会通过的决议指出："必须坚持党的基本理论、基本路线、基本方略……立足新发展阶段、贯彻新发展理念、构建新发展格局、推动高质量发展，全面深化改革开放，促进共同富裕，推进科技自立自强……统筹发展和安全，加快国防和军队现代化，协同推进人民富裕、国家强盛、中国美丽。"① 要坚持独立自主，重点要通过提高能力办好以下几件自己的事：

第一，推动高质量发展。当前，我国发展已进入新发展阶段，这是全面建设社会主义现代化国家向第二个百年奋斗目标进军的阶段，在我国发展进程中具有里程碑意义。进入新发展阶段，是中华民族伟大复兴历史进程的大跨越。由于我国社会主要矛盾已经转化为人民日

---

① 中共中央关于党的百年奋斗重大成就和历史经验的决议［M］. 北京：人民出版社，2021：73.

益增长的美好生活需要和不平衡不充分的发展之间的矛盾，发展中的矛盾和问题集中体现在发展质量上，这就要求我们必须把发展质量问题摆在更为突出的位置，着力提升发展质量和效益。

为此，要坚持创新驱动发展，全面塑造发展新优势；要加快发展现代产业体系，推动经济体系优化升级；要形成强大国内市场，构建新发展格局；要优先发展农业农村，全面推进乡村振兴；要优化国土空间布局，推进区域协调发展和新型城镇化；要推动绿色发展，促进人与自然和谐共生。

第二，推进科技自立自强。我们要矢志不渝自主创新，坚定创新信心，着力增强自主创新能力。我国广大科技工作者要有强烈的创新信心和决心，既不妄自菲薄，也不妄自尊大，勇于攻坚克难、追求卓越、赢得胜利，积极抢占科技竞争和未来发展制高点。以关键共性技术、前沿引领技术、现代工程技术、颠覆性技术创新为突破口，敢于走前人没有走过的路，努力实现关键核心技术自主可控，把创新主动权、发展主动权牢牢掌握在自己手中。

为此，必须坚持创新在我国现代化建设全局中的核心地位，把科技自立自强作为国家发展的战略支撑，面向世界科技前沿、面向经济主战场、面向国家重大需求、面向人民生命健康，深入实施科教兴国战略、人才强国战略、创新驱动发展战略，完善国家创新体系，加快建设科技强国。要强化国家战略科技力量，提升企业技术创新能力，激发人才创新活力，完善科技创新体制机制。

第三，加强国防和军队现代化。和平不可恃，忘战必致危。当前和今后一个时期，我国发展仍然处于重要战略机遇期，但机遇和挑战都有新的发展变化。当今世界正经历百年未有之大变局，新一轮科技革命和产业变革深入发展，国际力量对比深刻调整，和平与发展仍然是时代主题，人类命运共同体理念深入人心，同时国际环境日趋复杂，不稳定性不确定性明显增加，新冠肺炎疫情影响广泛深远，经济全球化遭遇逆流，世界进入动荡变革期，单边主义、保护主义、霸权主义对世界和平与发展构成威胁。我国仍然面临日益多元的安全威胁，遇到的外部阻力和挑战复杂多样，一些敌对势力不愿看到社会主义中国发展壮大，千方百计对我国进行战略遏制和围堵。虽然捍卫和平、维护安全、慑止战争的手段和选择多种多样，但军事手段始终是保底手段。在国家主权和领土完整遇到重大挑战时我们没有退路，必须针锋相对、寸土必争、寸海必争。只有保底手段保得了底，国家安全才有底数，民族复兴才有底气。否则，只能被迫吞下任人宰割的苦果。

为此，必须加快国防和军队现代化，实现富国和强军相统一。要贯彻习近平强军思想，贯彻新时代军事战略方针，坚持党对人民军队的绝对领导，坚持政治建军、改革强军、科技强军、人才强军、依法治军，加快机械化信息化智能化融合发展，全面加强练兵备战，提高捍卫国家主权、安全、发展利益的战略能力，确保二〇二七年实现建军百年奋斗目标。要提高国防和军队现代化质量效益，促进国防实力和经济实力同步提升，构建一体化国家战略体系和能力，推动重点区域、重点领域、新兴领域协调发展，优化国防科技工业布局，巩固军政军民团结。

2. 不断提升国际影响力

中国是联合国安理会五大常任理事国之一，是世界上第二大经济体和最大的发展中国家，在国际舞台上占有相当重要的分量。中国共产党是为中国人民谋幸福、为中华民族谋复兴的政党，也是为人类谋进步、为世界谋大同的政党。中国共产党将领导中国日益走近世界舞台中央，不断为人类作出更大的贡献。

第一，强化中国负责任的大国形象。一方面，要坚定不移走和平发展道路。近代以来，中国人民遭受列强的侵略、凌辱、掠夺有一百多年，但中国人民不是从中学到弱肉强食的强盗逻辑，而是更加坚定了维护和平的决心。中国不与任何国家结盟，不打别国的牌也不允许别人打中国牌。中国将始终不渝走和平发展道路。无论中国发展到哪一步，中国永不称霸、永不扩张、永不谋求势力范围。中国秉持正确的历史观、大局观、角色观，始终将自身发展置于人类发展的坐标系中，始终把自身命运与世界各国人民的命运紧密相连，始终把中国人民利益同各国人民共同利益结合起来，始终做世界和平的建设者、全球发展的贡献者、国际秩序的维护者。另一方面，坚守多边主义。中国将继续坚持世界各国应该维护以联合国为核心的国际体系、以国际法为基础的国际秩序、以联合国宪章宗旨和原则为基础的国际关系基本准则并身体力行。中国愿同各国秉持共商共建共享理念，探索合作思路，创新合作模式，不断丰富新形势下多边主义实践。中国将一如既往积极参与二十国集团、亚太经合组织、上海合作组织、金砖国家会议、中国与东盟10+1合作机制等多边国际舞台，并发挥越来越重要的作用。比如说，伴随中国的经济崛起，中国分摊的联合国会费比例从2000年的0.995%上升到2021年的12.01%，是联合国会员国中增长最多最快的。再比如说，2020年新冠疫情发生后，中国在做好自身防疫的同时，积极参与全球多边抗疫合作。中国先后向世界150多个国家提供了防疫物资援助，坚持分享抗疫防疫经验，向世界卫生组织先后两次总计捐助5000万美元，支持世卫组织开展相关工作，加入“新冠肺炎疫苗实施计划”，宣布中国疫苗研发完成并投入使用后作为全球公共产品，优先向发展中国家提供，为保障世界民众生命安全提供了重要基础。中国在做好疫情防控的同时，有序复工复产，对世界经济增长的拉动作用凸显，维护了全球产业链、供应链的基本稳定，增强了全球经济增长的信心。

第二，推动构建人类命运共同体。决议指出："党推动构建人类命运共同体，为解决人类重大问题，建设持久和平、普遍安全、共同繁荣、开放包容、清洁美丽的世界贡献了中国智慧、中国方案、中国力量，成为推动人类发展进步的重要力量。"① 构建人类命运共同体是习近平总书记深刻总结人类历史发展经验、洞察社会经济发展规律、把握当今世界发展趋势而提出的极其辉煌而伟大的思想，牢牢地占据了人类道德的制高点。

---

① 中共中央关于党的百年奋斗重大成就和历史经验的决议[M]. 北京：人民出版社，2021：64.

“一带一路”倡议是构建人类命运共同体的具体实践。自2013年“一带一路”倡议提出以来，从愿景到行动，已经结出累累硕果。8年来，共建“一带一路”从夯基垒台、立柱架梁到落地生根、持久发展，从基础建设到民生改善，从贸易往来到文化交流，走出了一条“政策沟通、设施联通、贸易畅通、资金融通、民心相通”的光明大道。8年来，签署200多份共建“一带一路”合作文件、累计开行超4.6万列中欧班列、与25个共建国家学历学位互认、向110多个国家和国际组织提供了超过17亿剂新冠疫苗。“一带一路”倡议源于中国，但机会和成果属于世界。“一带一路”赢得越来越多的支持和信赖。在新的征程上，中国应与沿线国家建立更广泛合作机制，拓展更多元交流渠道，促成更务实合作成果，推进共建“一带一路”高质量发展。我们应继续推动上合命运共同体、中国—东盟命运共同体、亚洲命运共同体、中非命运共同体、中拉命运共同体、中阿利益共同体和命运共同体、中乌命运共同体和利益共同体、中越命运共同体、中巴命运共同体等走深走实，为人类和平和发展作出更大贡献。

第三，讲好中国故事、中国共产党的故事。中国共产党的一百年，是矢志践行初心使命的一百年，是筚路蓝缕奠基立业的一百年，是创造辉煌开辟未来的一百年。在百年接续奋斗中，中国共产党开辟了伟大道路、创造了伟大成就、铸就了伟大精神、积累了宝贵经验，书写了中华民族几千年历史上最恢宏的史诗。我们应该加快国际传播能力建设，向世界讲好中国故事、中国共产党的故事，传播好中国声音，不断提升中国话语权，不断增强中国共产党和中国政府的感召力、吸引力。我们还应实施中华优秀传统文化传承发展工程，推动中华优秀传统文化创造性转化、创新性发展，提升国家文化软实力和中华文化影响力。

3. 发扬斗争精神增强斗争本领

世界上没有哪个党像中国共产党这样，遭遇过如此多的艰难险阻，经历过如此多的生死考验，付出过如此多的惨烈牺牲。中国共产党历经百年而风华正茂、饱经磨难而生生不息，很重要的一个原因是有着一股革命加拼命的强大精神。敢于斗争、敢于胜利，是党和人民不可战胜的强大精神力量。党和人民取得的一切成就，不是天上掉下来的，不是别人恩赐的，而是通过不断斗争取得的。

全党必须准备付出更为艰巨、更为艰苦的努力。我们党依靠斗争创造历史，更要依靠斗争赢得未来。新的征程上，我们面临的各种斗争不是短期的而是长期的，将伴随实现第二个百年奋斗目标全过程。在重大风险、强大对手面前，总想过太平日子、不想斗争是不切实际的；得“软骨病”、患“恐惧症”是无济于事的。唯有主动迎战、坚决斗争才有生路出路，才能赢得尊严、求得发展，逃避退缩、妥协退让只会招致失败和屈辱，只能是死路一条。我们必须把握新的伟大斗争的历史特点，发扬斗争精神，把握斗争方向，把握斗争主动权、坚定斗争意志，掌握斗争规律，增强斗争本领，有效应对重大挑战、抵御重大风险、克服重大阻力、解决重大矛盾，战胜前进道路上的一切艰难险阻，不断夺取新时代伟大斗争的新胜利。

4. 把党建设得更加坚强有力

中国共产党领导是中国特色社会主义最本质的特征，是中国特色社会主义制度的最大优势，是党和国家的根本所在、命脉所在，是全国各族人民的利益所系、命运所系，在独立自主的道路上，要继续加强党的建设。

第一，必须不断加强和改善党的领导，不

断提高党科学执政、民主执政、依法执政水平，充分发挥党总揽全局、协调各方的领导核心作用。必须不断加强党的政治建设，严密党的组织体系，培养造就一支具有铁一般信仰、铁一般信念、铁一般纪律、铁一般担当的干部队伍。

第二，必须永远保持同人民群众的血肉联系，站稳人民立场，坚持人民主体地位，尊重人民首创精神，践行以人民为中心的发展思想，维护社会公平正义，着力解决发展不平衡不充分问题和人民群众急难愁盼问题，不断实现好、维护好、发展好最广大人民根本利益，团结带领全国各族人民不断为美好生活而奋斗。

第三，必须常怀远虑、居安思危，继续推进新时代党的建设新的伟大工程，坚持全面从严治党，坚定不移推进党风廉政建设和反腐败斗争，勇敢面对党面临的长期执政考验、改革开放考验、市场经济考验、外部环境考验，坚决战胜精神懈怠的危险、能力不足的危险、脱离群众的危险、消极腐败的危险，确保党不变质、不变色、不变味，确保党在新时代坚持和发展中国特色社会主义的历史进程中始终成为坚强领导核心！

《国际歌》说，从来就没有什么救世主，也不靠神仙皇帝；要创造人类的幸福，全靠我们自己。我们的事业是正义的。正义的事业是任何敌人也攻不破的。我们正在做我们的前人从来没有做过的极其光荣伟大的事业。“我们的目的一定要达到。我们的目的一定能够达到。”①只要我们更加紧密地团结在以习近平同志为核心的党中央周围，全面贯彻习近平新时代中国特色社会主义思想，坚持独立自主、自力更生，不断增强独立自主的能力，就一定能够把中国发展进步的命运始终牢牢掌握在自己手中，就一定可以实现第二个百年奋斗目标和中华民族伟大复兴的中国梦！

---

① 中共中央文献研究室编. 毛泽东文集：第6卷［M］. 北京：人民出版社，1999：350.

结束语

独立自主走好必由之路

对于一个政党、一个国家、一个民族来说，要不要坚持独立自主，是一个至关重要的问题。

中国共产党血雨腥风的革命斗争事业，充分证明了只有把马克思主义和中国革命实际结合起来，独立自主地解决中国革命的重大问题，才能把革命引向胜利，这是在血的教训和斗争考验中得出的真理！

中国共产党改天换地的社会主义革命和建设事业，充分证明了只有不断增强民族自尊心和自信心，自力更生、艰苦创业，才能在帝国主义封锁的严峻环境中探索出一条符合中国实际的社会主义革命和建设道路，以崭新的面貌自立于世界民族之林，这是在挫折中觉醒、在曲折中前进的历史真谛！

中国共产党波澜壮阔的改革开放和社会主义建设的伟大实践，充分证明了只有既不走封闭僵化的老路，也不走改旗易帜的邪路，而是昂首阔步坚持“走自己的路”，才能开辟出一条中国特色社会主义道路，这是在实践中摸索，在摸索中前进的基本历史结论！

中国特色社会主义新时代的事业，充分证明必将继续证明独立自主是中华民族精神之魂，是我们立党立国的重要原则。

新时代，新使命！我们党必须始终坚守这一从胜利走向胜利的“制胜之道”，沿着中国特色社会主义道路这一“必由之路”努力奋进，不断推进中华民族伟大复兴！

后　记

坚持独立自主是中国共产党百年奋斗的基本历史经验，在新时代继续坚持独立自主对推进中国特色社会主义事业、实现中华民族伟大复兴具有非常重要的意义。当前，坚持独立自主的核心理念、基本原则、方法策略等已经明晰，我们有信心在独立自主的道路上走得更加坚定、更加自信、更加富有成效。

本书由中共湖南省委党校（湖南行政学院）党史教研部组织编撰完成，教研部全体教师共同承担了写作任务。霍修勇教授任主编，负责拟定写作提纲，书稿的修改完善，王连花博士、谌玉梅博士任副主编。书稿的具体分工如下：第一部分：谌玉梅；第二部分、结语：王连花；第三部分、后记：霍修勇、全紫红；第四部分：许顺富；第五部分：李辉、黄建国；第六部分：周树辉。

湖南教育出版社对本书的出版给予了大力支持，书中吸收了学术界相关研究成果和部分资料，一并表示感谢！由于编撰者水平有限，书中还存在不足，敬请读者谅解，并请提出宝贵意见。

霍修勇

2022 年 1 月

图书在版编目(CIP)数据

制胜之道. 坚持独立自主 / 曹健华总主编. —长沙：湖南教育出版社，2022. 2
ISBN 978－7－5539－8761－3

Ⅰ. ①制…　Ⅱ. ①曹…　Ⅲ. ①中国共产党—党的建设—研究　Ⅳ. ①D26

中国版本图书馆 CIP 数据核字（2022）第 031978 号

书　　名	制胜之道 · 坚持独立自主 ZHISHENG ZHI DAO · JIANCHI DULI ZIZHU
总 主 编	曹健华
本册主编	霍修勇
责任编辑	易　武
责任校对	张　征
装帧设计	杨发凯
出版发行	湖南教育出版社(长沙市韶山北路 443 号)
网　　址	www.hneph.com
电子邮箱	hnjycbs@ sina.com
客服电话	0731－85486979
经　　销	湖南省新华书店
印　　刷	长沙超峰印刷有限公司
开　　本	787 mm×1092 mm　32 开
印　　张	10
字　　数	114 000
版　　次	2022 年 2 月第 1 版
印　　次	2022 年 2 月第 1 次印刷
书　　号	ISBN 978－7－5539－8761－3
定　　价	35. 00 元